AF282912

EN LA BALSA DE LA MEDUSA

EN LA BALSA DE LA MEDUSA

Dietario del año de la pandemia

Joaquim Pisa Carilla

USHUAIA

© 2025, Joaquim Pisa Carilla
© 2025, Ushuaia Ediciones
Edipro, S.C.P.
Carretera de Rocafort 113
43427 Conesa
info@ushuaiaediciones.es
www.ushuaiaediciones.es

Primera edición: abril de 2025

ISBN: 978-84-19405-39-5
Depósito legal: T 380-2025

Diseño y maquetación: Dondesea, servicios editoriales

Todos los derechos reservados. Queda prohibida la reproducción total o parcial de cualquier parte de este libro, incluido el diseño de la cubierta, así como su almacenamiento, transmisión o tratamiento por ningún medio, sea electrónico, mecánico, químico, óptico, de grabación o de fotocopia, sin el permiso previo por escrito de la editorial.

Impreso en España – *Printed in Spain*

Cosa preciosa es la salud
y la única que merece en verdad
que se aplique no sólo el tiempo,
el sudor, el esfuerzo, los bienes,
sino incluso la vida a perseguirla.

MICHEL DE MONTAIGNE,
filósofo francés (1533-1592)

ÍNDICE

Nota introductoria del autor 13

Dietario
Dietario de la pandemia, 2020 (febrero-diciembre) 17
Dietario de la pandemia, 2021 (enero-julio) 71

Diccionario crítico 95

Imágenes y documentos 139

EN LA BALSA DE LA MEDUSA
dietario del año de la pandemia seguido de un diccionario crítico

La balsa de *La Méduse*, de Théodore Géricault (1819)

NOTA INTRODUCTORIA DEL AUTOR

Un célebre cuadro del pintor francés Théodore Géricault muestra un grupo de desesperados náufragos a bordo de una frágil balsa que brinca sobre las olas de un mar embravecido y tenebroso.

Se refiere la pintura al naufragio del buque *La Méduse* (La Medusa, en castellano), sucedido en 1816, y presenta el momento en el que, tras trece días de angustiosa navegación a la deriva sobre aquel atadijo de maderas, algunos de los supervivientes hacen señales con trozos de telas que agitan mirando en dirección a un punto del horizonte, en el que apenas se adivinan las velas del barco que a la postre será su salvación.

Mientras, los otros náufragos, rodeados de cadáveres a punto de hundirse en el mar, tienen los rostros desencajados; sus ojos miran desde la locura. Para la mayoría de ellos, la salvación llega tarde y será sólo física: sus mentes ya han huido de la balsa, convertida en una suerte de Barco de los Locos, que avanza a tumbos saltando entre olas que amenazan con tragársela.

Pues bien, el comportamiento de una parte significativa de la sociedad española, y sobre todo de sus élites políticas y económicas durante la pandemia de COVID-19, me trae a la memoria ese cuadro.

A partir de marzo de 2020, España entera se convirtió en una gigantesca balsa de *La Méduse* en la que nos hemos apiñado los náufragos a la espera de que acudieran en nuestro socorro.

Las situaciones límite suelen sacar de nosotros lo mejor y lo peor. Durante esos meses terribles hemos visto hombres y mujeres que, como los sanitarios, los transportistas o los empleados de supermercados, lo han sacrificado todo, en algunos casos hasta sus propias vidas, por cuidar y servir a sus semejantes.

Otros, en su egoísmo, sólo han pensado en la merma que podían sufrir sus beneficios económicos a causa de las medidas tomadas por las autoridades responsables. También hemos visto a seres ruines e irresponsables que nos han intentado convencer de que la libertad consiste en tomar cervezas en las terrazas de los bares.

Hubo incluso quien ordenó, por escrito y con membrete oficial, tirar a los ancianos enfermos de la balsa, para que dejaran de molestarles atestando las UCIS de los hospitales.

Todo esto pasó en este país a partir de marzo de 2020. Es hora de contarlo.

Lo que sigue es un dietario, un cuaderno de notas sueltas escritas a vuelapluma durante los meses de mayor intensidad de la pandemia. Las anotaciones, todas fechadas, comienzan en febrero de 2020 con los rumores sobre una amenaza sanitaria inconcreta en aquel momento, y finalizan en julio de 2021, cuando recibí la segunda dosis de la vacuna contra el COVID-19.

Tras el dietario, un breve diccionario crítico sitúa los principales asuntos relacionados con la pandemia. Se incluyen en él definiciones razonadas de conceptos básicos y algunos neologismos que se han ido creando en este tiempo.

Barcelona, febrero de 2025

DIETARIO

Dietario de la pandemia
año 2020

FEBRERO DE 2020

14 de febrero

La cancelación del Mobile World Congress (MWC) es solo un episodio más de la guerra comercial desatada por los EEUU de Trump contra China y contra Europa.

El ataque contra el MWC representa un daño colateral, y no de los peores, que se debe enmarcar en la estrategia norteamericana consistente en yugular el crecimiento de las industrias tecnológicas chinas, fabricantes de instrumentos basados en las nuevas tecnologías y destinados para uso de masas, campo en el que la presencia china comienza a ser hegemónica, en detrimento del dominio casi absoluto que antaño ejercían las industrias yanquis y las radicadas en países con economías subsidiarias de la estadounidense, caso de Corea del Sur y Japón.

Hace muy pocos meses asistimos a episodios como el intento de eliminación de la presencia de Huawei en el mundo occidental. La marca china ha inundado los mercados norteamericano y europeo en pocos años. Los precios chinos al consumidor resultan imbatibles, y la lenta pero perceptible mejora en la calidad técnica de esos productos ha borrado del mapa en su propio país, los EEUU, a la antaño todopoderosa Motorola, sin ir más lejos.

El coronavirus puede que sea simplemente un virus aparecido en un país cuyos estándares sanitarios siguen dejando mucho que desear, o puede que como en tantos otros casos se trate de un ataque de guerra biológica, que busque precisamente paralizar o al menos afectar gravemente la producción de la República Popular China, y sobre todo hundir sus exportaciones. Hace muchos años que se realizan experimentos de guerra biológica por parte de agencias gubernamentales de diversos países. Experimentos tales como sembrar virus en transportes públicos para estudiar sus efectos en las personas afectadas; en algunos casos incluso se ha reconocido públicamente a posteriori la existencia de estos experimentos en EEUU. No cuesta mucho imaginar su puesta en práctica como un modo de hacer la guerra por vías distintas a las tradicionales.

El MWC barcelonés por su parte, es apenas —y nada menos que— un escaparate mundial, un lugar donde las industrias tecnológicas enseñan las novedades con las que pretenden engatusar a nuevos clientes. En ese escaparate, los cacharritos de fabricación china han ido desplazando de modo progresivamente más contundente a los de fabricación occidental. Un titular del diario *El País* de 27 de febrero de 2019 rezaba textualmente: *"Huawei manda su artillería pesada a Barcelona para frenar a Trump"*, y subtitulaba: *"La firma china, protagonista estelar del congreso mundial de móviles, busca el respaldo europeo frente a las acusaciones de espionaje de EEUU"*.

Podemos presumir entonces que en 2020 alguien ha lanzado conscientemente una pedrada contra el escaparate con la intención de asustar a los expositores aprovechando la alerta sanitaria mundial, o que simplemente los ejecutivos de las multinacionales relacionadas con las nuevas tecnologías han tenido un ataque de pánico y han decidido irse de putas a otra ciudad donde todo sea más barato y menos conflictivo para ellos.

En uno u otro caso el resultado final es idéntico, y en el fondo, beneficioso para Barcelona.

26 de febrero

Ya está aquí, dicen, la vacuna contra el coronavirus (el "*curuvirus*", según pronuncian los presentadores de televisión).

Una empresa farmacéutica —estadounidense, por supuesto— ha enviado a su Gobierno (el que preside Donald Trump) "un lote experimental" del "posible antídoto". Negocio multimillonario a la vista para los EEUU.

La verdad es que el tema del "curuvirus" apesta. Su expansión comienza, oh casualidad, en China, esa diabólica potencia económica que amenaza con inundar Occidente con sus chismes tecnológicos; después salta a Irán, el Gran Satán de Oriente Próximo, y acaba desembarcando en la casquivana Europa del Sur (Italia y España), tan rebelde siempre al Imperio del Bien. Si eso no se parece al menos a un diseño del Departamento de Estado trumpista, que vengan Dios y Confucio y lo digan.

Y por si la expansión del virus no fuera ya de por sí suficientemente sospechosa, ahora resulta que los yanquis nos van a vender la vacuna-remedio milagroso, que naturalmente los Gobiernos del mundo entero correrán a comprar... con el dinero de nuestros impuestos.

Mientras, las farmacias españolas e italianas han hecho su agosto en febrero vendiendo toda la producción de mascarillas, a pesar de que los médicos dicen que son inútiles para proteger del virus. En la calle ya se revenden a 10 euros, y hay quien se apresura a llevarse las últimas de los bazares chinos, a pesar de que según dicen los medios China es el supuesto origen de la enfermedad.

MARZO DE 2020

9 de marzo

Ha muerto Max von Sydow. Finalmente, la muerte le ha ganado la partida de ajedrez al guerrero sueco que regresaba de las Cruzadas, donde le enseñaron una apertura infalible.

¿Infalible? La muerte siempre acaba conociendo el secreto, y dándonos jaque mate.

10 de marzo

Dice Pablo Casado que para combatir el coronavirus no se debe derogar la "reforma laboral" y que hay que bajar los impuestos. Se conoce que el coronavirus, como el Pisuerga, también pasa por Valladolid, y hay que aprovecharlo como sea.

La caverna mediática por su parte aporta su grano de arena al intento de crear el caos y extender el pánico, con objeto de ayudar a que la derecha pueda arañar unos cuantos votos. Dicen sus editoriales que la culpa de la progresión geométrica del virus en Madrid en las últimas horas la tiene el Gobierno español, por no haber prohibido la manifestación feminista del domingo. De prohibir la asistencia a las misas dominicales o a los partidos de fútbol, por ejemplo, no dicen nada.

O sea, que ya es verdad científica según la derecha patria que la fuerza que está adquiriendo la extensión del coronavirus en España es responsabilidad de las "feminazis", que este fin de semana pasado invadieron las calles de las principales ciudades españolas con sus reivindicaciones de guarras que solo piensan en abortar y en teñirse los pelos de colores. Y del Gobierno rojosanchista, naturalmente, que les permite a las feminazis todos los caprichos, como adoptar hijos que no han parido para después educarlos sexualmente en los colegios públicos.

12 de marzo

Ayer me llamó la atención el comprobar que de repente, todos los negocios regentados por chinos en mi barrio han cerrado casi a la vez. Resulta que los chinos se van de Barcelona. O al menos, parece que envían a sus hijos pequeños y a otros familiares a China hasta que escampe, dicen. O hasta que encuentren acomodo en otro lugar sea China u otro país, presumo.

Este es el fracaso más rotundo de las políticas de odio de Vox que imaginarse pueda. Según el partido fascista Vox y la derecha extrema, que en España encarna el PP, los inmigrantes vienen aquí a aprovecharse de nosotros, de nuestros maravillosos servicios y de nuestra fantástica calidad de vida. Pues resulta que a la que pintan bastos no se fían un pelo de nosotros, ni de nuestras autoridades ni de nuestro sistema sanitario, y prefieren enviar a sus seres queridos a China para que sean puestos en cuarentena, que es lo que hacen allí con todos los recién llegados desde lo que para ellos es el lejano y bárbaro Occidente.

Hace más de veinte años, en un viaje por China, vi pintado en el muro del patio de una escuela rural un mapamundi que me fascinó. El país que ocupaba el centro de la imagen era precisamente China, y en los extremos quedaban a un lado las Américas, convertidas en una especie de churro alargado, y en el otro un pingajo flácido que resultaba ser Europa y en cuyo extremo la Península Ibérica era apenas un grano en la punta de aquella especie de glande.

Y es que estamos acostumbrados a mirar el mundo como si este rinconcito del planeta fuera su epicentro. Ya se sabe que Dios es español, español, español, y socio del Real Madrid. Otra verdad incontestable hasta ayer mismo era que los chinos y los inmigrantes en general vienen a España porque son unos desgraciados que no tienen donde caerse muertos, y este país en comparación es el Paraíso para ellos.

Pues mira, resulta que después de ver que en España hasta el camarada Ortega Smith ha pillado el coronavirus, los chinos están regresando a su país para protegerse mejor de la doble epidemia, la vírica y la fascista.

13 de marzo

Un artículo de una publicación médica electrónica alertaba en octubre de 2018 sobre los datos que arrojaba la incidencia de la gripe en España ese año: 800.000 casos diagnosticados, 52.000 ingresados en hospitales y 15.000 muertos.

Según la misma publicación, en lo que llevamos de año, apenas dos meses y medio, la gripe habría afectado en España a 255,6 personas por cada 100.000 habitantes, es decir a un total de unos 120.000 ciudadanos.

Leo en otro sitio que el año pasado, el 18% de los fallecidos en Navarra tenían el virus de la gripe; casi uno de cada cinco fallecidos en esa comunidad autónoma.

Me gustaría que alguien me explicara por qué la gripe no tiene tratamiento de emergencia sanitaria global en este país (y en otros), y el coronavirus sí.

15 de marzo

Según la prensa de hoy, *"China sospecha que el ejército de Estados Unidos pudo llevar el coronavirus a Wuhan"* en octubre pasado, durante la celebración en esa ciudad de los Juegos Deportivos para militares. Lo dice el portavoz del ministerio de Asuntos Exteriores chino.

Esto empieza a ser un clamor: el coronavirus pudo haber sido sembrado por el Ejército de EEUU. Supuestamente, faltaría más.

Las víctimas por ahora son China. Irán, Europa.... Ya conocen aquella máxima clásica de *"la guerra es la continuación de la política por otros medios"*. Ahora parece haberse convertido en *"la agresión bioquímica y el terrorismo son la continuación de la economía por otros medios".*

¿American way of death?

(el mismo día)

Torra y Urkullu, los presidentes catalán y vasco, se resisten a que Sánchez, el presidente español, asuma sus competencias sanitarias con el estado de alarma: *"¡es un 155!"*, claman.

Esta pareja de majaderos y los intereses que representan están jugando con la vida de todos, mientras fingen olvidar que sus Gobiernitos regionales son parte del Estado, y que están obligados a seguir sus directrices.

Quizá haya que recordárselo de manera expeditiva. Incluso con un 155, si es necesario.

19 de marzo

Ayer, dos discursos, dos Españas. Por la mañana, el presidente Pedro Sánchez se dirigió al Congreso de los Diputados explicando no solo el plan de lucha del Gobierno en la situación de emergencia que vivimos, sino sobre todo como afrontarla hoy y como empezar a armarnos para la postguerra cuando llegue.

Los diputados representantes de casi todos los grupos parlamentarios incluidos los de oposición lo acogieron en silencio y con respeto inusuales, y luego uno por uno ofrecieron su apoyo sin fisuras. La reacción ciudadana tras oírle ha sido de alivio inmediato: la situación es grave sí, pero hay alguien ahí agarrando el timón y tomando medidas.

Por la noche, el rey Felipe VI se asomó a las televisiones de los españoles con un discurso patético, navideño fuera de tiempo, que fue acogido con una solemne e intensa cacerolada, organizada espontáneamente en las principales ciudades y protagonizada por miles de españoles hartos de los Borbones, esa familia usurpadora de la jefatura del Estado, que ostenta sin otro título de legitimidad que el que le otorga la rapidez de un espermatozoide al abrirse camino hasta un óvulo.

En ningún momento Felipe VI mencionó siquiera el monumental escándalo que acaba de destaparse protagonizado por su padre y ex rey, que según todos los indicios también le implica a él directamente, al menos como conocedor y por tanto encubridor de los hechos desde hace demasiado tiempo.

El contraste incluso gestual entre los protagonistas de ambos discursos no pudo ser más brutal. Serio, grave, comedido, pero tranquilo y vocalizando con precisión y calma, Sánchez; sobreactuado, atropellado y falsamente empático el Borbón, que hizo esfuerzos desesperados por aparentar interés en conectar con los problemas reales de la gente, mientras escondía de modo clamoroso su problema y el de su familia con la justicia y con la Historia.

20 de marzo

Oído en la SER esta mañana: el presidente catalán Joaquim Torra (de profesión, vendedor de seguros) dijo anoche en una entrevista emitida por la BBC que el Gobierno español *"impide en Catalunya que la gente se confine en sus casas"*. No es un invento, han puesto el corte de la grabación.

Tras el jefe ha salido de inmediato en tromba su palanganero principal, el conseller de Interior Miquel Buch (de profesión, portero de discoteca en Badalona), quien ha declarado a micrófono abierto que *"están invadiendo nuestro país (Catalunya) con gente que nos trae el virus mientras cierran el aeropuerto, el puerto y los demás servicios"*. Se refiere, claro está, a la desinfección de esas instalaciones que están llevando a cabo miembros del Ejército español.

La verdad es que empiezan a agotarse los adjetivos ante la histeria de estos fanáticos fuera de control.

En Catalunya estamos pagando las consecuencias de estar presuntamente gobernados por un grupo de gamberros estimulados por el odio. Ya basta. A corto plazo y de seguir así, la intervención de la Generalitat de Catalunya por el Estado pronto será más que una necesidad política o social, una cuestión de pura supervivencia física para los propios catalanes.

(el mismo día)

Después de pensarlo bien, he decidido suspender por unos días estas notas, mis entradas en Facebook y en general el uso de todas las herramientas vinculadas a Internet.

En los próximos días tampoco voy a comprar ningún diario, y procuraré restringir al máximo la televisión y la radio. Sólo seguiré programas de entretenimiento, películas etc.

Es una cuestión de salud mental, simplemente. Hay que alejarse del ruido que se está generando o acabaremos todos locos.

ABRIL DE 2020

20 de abril

De la Cadena SER, esta mañana: La Generalitat de Catalunya adelantará fondos públicos para "compensar" el uso de UCIS de hospitales privados donde se trate a pacientes con coronavirus (se supone que derivados desde el sistema público), al tiempo que exige más dinero al Gobierno español para financiar sus actuaciones.

El baremo establecido por la Generalitat que preside Torra es que la sanidad pública catalana pagará 43.000 euros por paciente, cuando la propia patronal catalana de hospitales privados establece el coste de atención durante tres semanas en unos 1.000 euros diarios, es decir en poco más de 20.000 euros por el total del tratamiento promedio en UCI.

En el colmo del cinismo, la Generalitat catalana remite a una *"auditoría interna posterior"* como sistema para realizar los *"ajustes necesarios"* entre aportaciones hechas y costes reales.

¿Incluirá esa auditoría en su estudio los importes de las comisiones que se embolsen los responsables de esta estafa en ciernes?

MAYO DE 2020

2 de mayo

La obscenidad del por ahora último acto de cierre del hospital provisional de IFEMA, organizado por el PP de Madrid, ha dado la vuelta al mundo en horas.

Ver a esa colección de politicastros y adláteres enlutados como viudas de antaño bailando la conga y repartiendo bocadillos de calamares, mientras frente a ellos decenas de sanitarios reclamaban a gritos *"¡sanidad pública!"*, debería helarles la sangre a quienes, según las encuestas, parecen dispuestos a consagrar con su voto a la señora Isabel Díaz Ayuso al frente de la Comunidad de Madrid. Dice *ABC* que el 41% de los madrileños volvería a votar su candidatura. Ya sabemos cómo las gasta la caverna mediática en lo que toca a las encuestas, pero al parecer algo de eso debe haber, visto el despliegue del PP madrileño.

Y es que la señora Ayuso es pura provocación joseantoniana. Solo desde la chulería falangista más cañí se puede entender que en una misma semana convoque y participe en una misa franquista en la catedral de la Almudena, secundada por el pobre alcalde madrileño, siempre a remolque de esta especie de jefa de Sección Femenina aspirante a Pasionaria de la extrema derecha; para a continuación presentarse ante la Asamblea de Madrid vestida con la bandera de Falange (franjas verticales roja, negra y roja) y regodearse en su acuerdo chanchullo con Telepizza, por el cual esta empresa de comida-basura servirá pizzas a domicilio como único menú para niños de familias con pocos recursos, riéndose e infamando desde la tribuna a médicos nutricionistas, políticos de la oposición y ciudadanos en general escandalizados con el incalificable negociete.

Y ahora, la clausura definitiva del hospital provisional de IFEMA, la tercera ceremonia consecutiva organizada en ese recinto a mayor gloria de Ayuso en apenas una semana. En la más estrafalaria de las tres, celebrada dentro de los pabellones desalojados, hubo hasta tachán-tachán con himno nacional interpretado a todo volumen, militares y guardias civiles formados, y la señora presidenta enlutada como si fuera la mismísima Bernarda Alba.

9 de mayo

El coronavirus maldito se llevó hace unas semanas a Lee Konitz, uno de los representantes del mejor jazz de los años cincuenta y primeros sesenta. Había nacido en 1927, como mi padre.

Lee Konitz era un judío serio y eficaz con el saxo, algo frío ("cool jazzman", ya se sabe), y solía rodearse de muy buenos amigos. Como Bill Evans, por ejemplo, con el que hizo una versión estupenda de *Mi chica melancólica*, allá en los lejanísimos años cincuenta del siglo pasado.

11 de mayo

Según los informativos de la SER de esta mañana, 26 familias organizadas en una plataforma han denunciado ante los tribunales directamente a la presidenta Díaz

Ayuso, a su consejero de Sanidad y al responsable de las residencias de ancianos públicas y concertadas de la Comunidad de Madrid, por entre otros cargos, homicidio imprudente y prevaricación, delitos con resultado de muerte.

¿El trasfondo? La corrupción en la gestión de las residencias de ancianos. El pasado fin de semana y en la misma cadena de radio (programa *"A vivir que son dos días"*), el escritor Juanjo Millás explicó como la mayoría de las residencias de ancianos públicas o privadas en la Comunidad de Madrid son propiedad de fondos buitre y cotizan en Bolsa.

La llave de entrada de los fondos buitre en Madrid ha sido la familia Aznar, a través de su hijo mayor, *broker* en EEUU al servicio de esas empresas inversoras de capitales, en tanto su madre ejercía como alcaldesa de la capital. El escándalo de la privatización de viviendas sociales municipales madrileñas fue su primer fruto podrido.

20 de mayo

El Ministerio de Defensa chino ha acusado públicamente a militares norteamericanos de haber sembrado el Covid-19 en Wuhan durante los Juegos Deportivos militares celebrados en esa localidad en octubre de 2019.

En toda Europa se están abriendo investigaciones sobre este tema, salvo en España. En Suecia, ha sido el mismo ejército sueco quien ha tomado la iniciativa de investigar la infección sufrida por un centenar largo de sus militares participantes en ese evento. En Italia, algunos uniformados han contado su experiencia como infectados tras regresar de los Juegos, y al menos uno ha manifestado haber trasmitido el virus a su mujer e hija.

El primer gran foco de expansión del virus en España tuvo lugar en Torrejón de Ardoz, y se achacó inmediatamente a una secta cristiana cuyos integrantes locales habrían viajado a una concentración religiosa celebrada en Corea del Sur, donde al parecer se infectaron. Otros apuntan directamente a la base militar de esa ciudad, tan próxima a Madrid, por cierto, que de un modo u otro sigue siendo usada por los norteamericanos.

23 de mayo

Andan sublevados los *borjamaris, cayetanos, pijosdalgo, arribaespañas, salvapatrias* y demás militantes de la *Revolución de los Fachalecos*, la chusma de clase alta madrileña, que no se cansa de gruñir a los micrófonos de cualquier medio que se les acerque que no están dispuestos *"a que el Gobierno me quite lo que es mío para dárselo a quienes se lo gastarán en porros y botellones"*, según clamaba uno de estos energúmenos en una televisión española hace un par de tardes, durante una de esas inenarrables manifestaciones en la calle Núñez de Balboa del millonario barrio de Salamanca madrileño.

Hay que ver a los tertulianos de la derecha extrema y la extrema derecha españolas intentando hacer creer que en el barrio de Salamanca vive cualquiera, que es "el pueblo" quien se ha lanzado a la calle. Para desmen-

tirlos solo hay que repasar los apellidos de los millonarios residentes en la calle Núñez de Balboa; apellidos
como Milans del Bosch, Armada, Millán Astray..., lo
más granado de aquel régimen abyecto y corrupto que
fue el franquismo.

En Barcelona les han salido imitadores. Hace también un par de tardes se reunió un centenar de estos
mangantes en el Paseo de la Bonanova, en Pedralbes,
una zona cuyos residentes, en comparación, dejan a los
madrileños de Núñez de Balboa casi como indigentes.
Porque las grandes fortunas de la muy burguesa Bonanova barcelonesa descienden no tanto del franquismo,
que también, sino directamente de los traficantes de es-
clavos negros llevados a Cuba, con cuyo comercio se
enriquecieron de modo disparatado sus antepasados no
tan lejanos a lo largo del siglo XIX.

29 de mayo

El Gobierno español ha aprobado hoy el proyecto del
Ingreso Mínimo Vital (IMV), que viene a paliar en
parte la situación de extrema pobreza en la que han caí-
do millones de españoles, como consecuencia de las políticas neoliberales que ha padecido el país en la última
década, sumadas a la pandemia planetaria que vivimos
desde hace unos meses.

El IMV no es la solución de nada, es solo una ayuda para sobrellevar la crudeza del momento presente.
Apenas una contribución colectiva y solidaria a través
del Estado para que nuestros compatriotas más vulnerables no se queden en el camino. Pues bien, hace unos

días se asomaba a las televisiones del país el rostro del señor Antonio Garamendi, gentil *"Capo di tutti capi"* de la patronal española, quejándose amargamente de que, con ayudas como ésta, *"a mucha gente no le va a salir a cuenta buscar trabajo"* (sic).

Tiene razón el señor Garamendi. Ya se sabe que los millones de pobres españoles son unos sinvergüenzas que viven sin dar golpe y disfrutan, sádicos ellos, viendo a sus hijos pasar hambre real, hambre física. Podrían evitarlo gracias a los grandes subsidios que reciben vía los descomunales impuestos que pagan nuestros explotados empresarios, pero se han acostumbrado tanto a la molicie que prefieren hacer cola para recoger alimentos en la parroquia o la asociación de vecinos del barrio, antes que llevar a sus niños a los restaurantes con estrellas Michelin en los que podrían comer a cuerpo de rey. Los pobres no tienen conciencia.

JUNIO DE 2020

1 de junio

Los EEUU revientan. Lo que está ocurriendo, de San Francisco a Nueva York, es mucho más que la respuesta nihilista a un asesinato policial: la explosión popular tiene que ver con las insoportables condiciones de vida de las clases trabajadoras norteamericanas y con la brutal discriminación de las minorías, todo agravado por una epidemia frente a la cual esos ciudadanos carecen de protección sanitaria, económica y social.

Así no es extraño que Donald Trump y sus compinches más inmediatos tengan que refugiarse en el búnker de la Casa Blanca, ante el peligro cierto de que se produzca un asalto popular del recinto más simbólico del poder yanqui. El Imperio se tambalea empujado desde dentro, y el tirano puede acabar cualquier día colgado de una farola en una plaza pública.

16 de junio
Hay que pedir el Nobel de Medicina para Miguel Bosé. Y un tutú con puntillas para el arzobispo Cañizares.

28 de junio
Según sesudas encuestas, el elector de izquierdas en España (y en Europa, al parecer) está más preocupado por el impacto de la pandemia sobre la salud que sobre la economía, en tanto que al elector de derechas le preocupa más el impacto sobre la economía.

En resumen, la gente de derechas es tan gilipollas que prefiere morirse antes que dejar de hacer dinero.

JULIO DE 2020

8 de julio
El coronavirus está demostrando ser un tipo listo, duro de pelar, y un *sanchista* de tomo y lomo. Ahí está él: no es que haya vuelto, es que en realidad nunca se fue, aunque ahora haya aparecido en sitios insospechados y extrañamente oportunos.

El virus se está carcajeando de todos nosotros, con razón ¿No queríais que se "restituyera" a las comunidades autónomas el control sanitario de sus territorios? Pues tomad rebrotes a gogó en las diecisiete Comunidades Autónomas, empezando por las llamadas históricas, las más combativas en eso de recuperar competencias arrebatadas por el mando único del Ministerio de Sanidad. A ver cómo os las apañáis ahora a vuestro aire, les dice, después de vuestras jeremiadas durante la etapa final del confinamiento sobre lo bien que habíais hecho los deberes, y lo "preparaos" que estáis para *convivir con el coronavirus*" (sic) sin dañar las santas economías regionales.

Hubo presidentes de comunidad que hasta corrieron a convocar elecciones autonómicas (Galicia y Euskadi), temerosos de que en otoño tuviéramos una segunda ola y se les viera el latón en plena campaña electoral. Pues tomad rebrotes, Feijóo (PP) en la comarca de A Mariña (Galicia) y Urkullu (PNV) en el Goierri. Y toma rebrotes, Moreno Bonilla (PP) en casi todo el litoral andaluz, de Almería a Cádiz. Y sobre todo toma rebrotes, presidente Torra, en el Segrià, ahí donde la economía agraria catalana enseña su verdadero rostro: el que aúna la devoción a la *"Pàtria que no es lliure"*, con la explotación de mano de obra inmigrante semi esclava.

Vengan prisas para que la *"economía vuelva a funcionar"*, venga reabrir bares, hoteles, playas… y toda suerte de *"empresas medianas y pequeñas"*, incluidos esos mini negocios antes regentados por quienes orgullosamente se llamaban a sí mismos *"empresarios autónomos"*, y que ahora, cuando se trata de poner el cazo para que caigan en él las subvenciones pagadas por el Estado, es decir por todos los que pagamos impuestos, se han transformado milagrosamente en *"trabajadores autónomos"*. Solo como botón de muestra, hay que recordar que en España hay más bares que en todo el resto de Europa junta.

En último extremo, ¿a quién le importan unos miles de muertos más o menos en España, si como casi siempre por ahora sólo se mueren los viejos y los pobres? ¡La libertad de mercado y los beneficios de las élites ante todo!

De ahí deduzco que el coronavirus es *sanchista* a más no poder. Lo que está sucediendo estos días, perfectamente previsible por otra parte, es consecuencia directa de las presiones insoportables a las que ha sido sometido el Gobierno español para acortar la cuarentena y acabar con el estado de alarma y el mando único sanitario, a fin de *"poner de nuevo en marcha la economía del país"*. Pues ahí tienen el resultado.

11 de julio
El Govern de la Generalitat catalana ve *"insostenible"* la subida espectacular del número de contagios entre los jóvenes de Lleida. La comarca de El Segrià les preocupa y les ocupa, dicen. El contagio crece suelto en la Catalunya interior. Mientras, nuestro gobierno regional se limita a reñir a los jóvenes de las "Terres de Ponent", que se entregan al botellón y las fiestas caseras como si no hubiera un mañana. De momento, esa es toda la *"ac-*

ció de govern" de la Generalitat ante la crisis en marcha: reñir a los jóvenes desde sus medios.

De lo que no dice nada el Gobierno catalán ni el Amado Líder que lo preside es del intenso rebrote por sorpresa del coronavirus en eso que ahora llaman *"la región sanitaria de Barcelona"*, que como la Santísima Trinidad son tres (Barcelona ciudad, Barcelona norte y Barcelona sur), aunque animadas por una única voluntad de dividir y aislar a la población más refractaria al *"procés"*. En las últimas 24 horas se han registrado 164 casos positivos en Barcelona ciudad y otros 100 en Hospitalet del Llobregat.

Así que la pandemia vuelve tan pimpante a Barcelona y su Área Metropolitana, un territorio que en apenas el 2% de la superficie de Catalunya concentra más del 50% de su población, y en el que la mayor parte de sus residentes vive en pisos de 50 ó 60 metros cuadrados de superficie útil real, muchos sin balcón.

19 de julio

Murió Juan Marsé. Con él se va un trozo importante, básico, de la memoria obrera y popular de la Barcelona de postguerra.

Ha muerto Marsé, el escritor que puso las barracas del Carmelo y los charnegos que las habitaron en la literatura universal, ahí es nada. Marsé, el ciudadano que contestó a un gacetillero impertinente: *"Hablo y escribo en castellano siendo catalán porque me sale de los huevos"*. Punto.

25 de julio

El coronavirus llegó con la primavera a Rapa Nui (Isla Grande), a quien los europeos y nuestros descendientes americanos llamamos isla de Pascua.

Lo cierto es que la isla ha toreado bastante bien al virus, gracias en parte a la eficiencia de las autoridades locales (no de las chilenas), y en parte a que su condición de lugar remoto la hace fácilmente aislable del resto del planeta.

Los rapanuis o pascuenses ya tienen un argumento más, para que un día de estos la ONU o quien sea se tome en serio eso de decirle a la Armada chilena que se lleve sus militares y sus cañones a otra parte, que a 4.000 km. de la costa de América del Sur sobran banderas, himnos, desfiles y tonterías por el estilo.

En el centro del Océano Pacífico, la soberanía nacional la tienen los peces.

26 de julio

Hay que tener una mente muy enferma para seguir insistiendo en un mensaje tan podrido como el que Joaquim Torra lleva lanzando casi desde el inicio de la pandemia: con la independencia, Catalunya viviría en una Arcadia feliz libre incluso de COVID-19. ¿Se puede ser más majadero?

El mensaje de Torra, que amplifican y difunden hasta la saturación los medios públicos, parapúblicos y privados al servicio del fracasado *procés*, es tan rematadamente infantil, tan carente de cualquier base y tan insolvente se coja por donde se coja, que daría risa sino tuviera enfrente la evidencia de que en Catalunya la pandemia está fuera de control, y de que el Govern de la Generalitat catalana es incapaz de articular una respuesta coherente y eficaz a este gravísimo problema.

Si algo ha demostrado esta crisis sanitaria en Catalunya es que aquí estamos gobernados por una peña de aficionados, tan incompetente como sectaria; y sectarios lo son en grado superlativo.

En vez de acción de gobierno, en Catalunya tenemos declaraciones hueras de sentido de la realidad pero atiborradas de ideología barata.

AGOSTO DE 2020

13 de agosto

El reyezuelo de la taifa gallega acaba de prohibir a sus súbditos fumar en la calle si no se puede mantener la distancia de seguridad. Pocas horas después, el reyezuelo de la taifa extremeña dice que en su satrapía esa medida no es necesaria, y que por tanto en Extremadura se podrá seguir fumando en la calle. En Catalunya, Madrid y Aragón deben estar analizando qué es lo que molestará más al Gobierno español, si prohibir fumar o permitirlo, para implementar o no una medida como la gallega.

Aparte de que la ocurrencia de la Xunta gallega sea simplemente un señuelo para distraer al personal de cosas mucho más importantes, relacionadas todas ellas con la falta de preparación de las Comunidades autónomas para hacer frente a la segunda ola del coronavirus, es irritante en extremo comprobar como cada uno de estos diecisiete gobiernitos toma por su cuenta con total impunidad decisiones de ese calibre, en materias que afectan gravemente a la salud colectiva y al uso del espacio público.

Si verdaderamente Feijoo o alguno de sus colegas quiere hacer algo real por frenar la creciente nueva expansión del coronavirus, debería empezar por cerrar todos los bares a su alcance. Pero no lo harán, evidentemente no les interesa: la poderosa patronal hostelera les crucificaría, y los miles de zombies que no conciben la vida sin bares jamás se lo perdonarían electoralmente. Y sin embargo es ahí donde radica el foco principal de nuevos contagios en todos los rincones de España, nuestro factor diferencial con los demás países europeos.

14 de agosto

Desconozco qué *"valores ciudadanos"* (sic) se transmiten en una terraza de bar abarrotada por gente sin mascarillas, que grita y ríe como poseídos, mientras echa el humo y la ceniza de sus cigarrillos a todo cristo que tenga la desgracia de estar o pasar cerca de ellos.

Quizá haya llegado el momento de cambiar esos hábitos, coronavirus mediante. Tal vez, en el futuro tengamos algo que agradecerle a la pandemia.

¿O seguiremos siendo el mismo pueblo alegremente irresponsable por los siglos de los siglos?

15 de agosto

Bares, discotecas, puticlubs... *"socialización"* a la española.

16 de agosto

Meterse drogas en el cuerpo serrano de manera continuada acaba teniendo consecuencias graves e irreversibles. Si se actúa así, cuando se llega a cierta edad uno empieza a tener alucinaciones en las que los fans te aplauden por ser un cantante de fama, empiezas a ver *"microchís"* (sic) escondidos por el Gobierno en las vacunas infantiles, y hasta tienes la revelación de que el mundo lo gobierna un Consejo de Administración formado por lagartos verdes llegados de Saturno.

Luego están los fascistas de toda la vida, prestos siempre a saltar al cuello de las políticas públicas por razonables que sean.

Las ratas a lo suyo, que es infectar la sociedad.

Con estos mimbres, convocar manifestaciones en defensa de la *"libertad"* de contagiarse en mitad de una pandemia a escala global es no solo un ejercicio absurdo, sino extremadamente patético.

22 de agosto

Las playas catalanas contabilizan 23 ahogados en lo que llevamos de 2020, un año vivido hasta ahora en teoría bajo el signo del confinamiento y las restricciones en el uso del espacio público.

Las playas son uno de los principales focos de contagio del coronavirus, lo sabe todo el mundo a estas alturas. Y sin embargo sigue ahogándose gente en ellas, es decir siguen estando frecuentadas.

Y es que ni en pandemia tenemos remedio.

SEPTIEMBRE DE 2020

5 de septiembre

La presidenta madrileña Díaz Ayuso ha decidido —ya era hora— tomar medidas contra la expansión galopante del coronavirus en la Comunidad de Madrid. La más destacada de todas afecta a las bodas: prohibido bailar y poner barra libre de bebidas en ellas.

Lo de prohibir a los españoles las cosas pecaminosas cuando presuntamente Dios nos ha mandado un castigo, viene de muy lejos. Estos días estoy viendo una serie franco-canadiense de gran calidad: *Versailles*. Se desarrolla durante los primeros años del reinado de Luis XIV, cuando se construyó el palacio de Versalles. En uno de los episodios, el rey francés marcha a la guerra contra los holandeses dejando como regente a su esposa, María Teresa de Austria, española por los cuatro costados. Como buena aristócrata española, la tal María Teresa era mujer de oración, confesor y misa inacabable, mientras la corte francesa pasaba los días y sobre todo las noches en los salones de palacio, jugándose fortunas a las cartas y a la ruleta, emborrachándose y sorbiendo cocaína como posesos, en unas orgías que habrían puesto verde de envidia al marqués de Sade. La pacata reina regente, decidida a cortar por lo sano tanta inmoralidad, prohíbe esas manifestaciones de *"liberté"* gabacha, obligando a los nobles a confinarse en sus aposentos al caer la tarde (verídico y textual). El hermano del rey, Felipe de Orleans y de Anjou, homosexual público y padre de Felipe de Anjou, futuro primer Borbón reinante en España como Felipe V, se ríe de la prohibición y les comenta a sus amigos: *"Sólo a una castellana se le ocurriría intentar prohibir a los franceses beber vino"*.

La señora Ayuso debería prohibir directamente las bodas. Conseguir que la gente deje de casarse quizá no solucionaría la pandemia fuera de control que asola Madrid, pero al menos contribuiría a evitar que la gente siga cometiendo el mayor error de sus vidas.

7 de septiembre

Definitivamente, parece que la pandemia ha rematado lo que quedaba del *"procés"*. Una encuesta de *La Vanguardia* publicada este domingo dice que apenas uno de cada cuatro catalanes sigue insistiendo en el dichoso referéndum de autodeterminación, mientras que dos de cada tres exigen un pacto de autogobierno entre el Estado y las élites catalanas, es decir una redefinición del actual estatus. *"Diálogo dentro de la legalidad"*, sintetiza *La Vanguardia.*

¿En qué sentido debería ir ese pacto? Al parecer, y desde hace tiempo, se consolidan dos líneas de desarrollo, básicas y paralelas: reforma constitucional y mejora de la financiación autonómica.

En el saco de la reforma constitucional iría desde la forma republicana del Estado hasta su estructuración en un modelo federal sustentado en pactos bilaterales. En realidad, aquí es donde florece en toda su fuerza la diversidad ideológica de los catalanes, esa pluralidad que intentan ocultarnos los nacionalistas cuando proclaman la existencia de "*un sol poble, i una sola voluntat*".

Pero resulta que lejos de existir ese pretendido uniformismo reduccionista, en Catalunya tenemos centralistas, autonomistas, federalistas, confederalistas, independentistas que aceptan la legalidad, independentistas que la rechazan, y hasta una porción nada desdeñable de personas que, por convencimiento ideológico en unos casos y por vulgar pasotismo en otros, repudian toda idea de nación e incluso la existencia misma de los Estados, sean nacionales o no. Mayor variedad de posicionamientos, imposible.

En cuanto al aspecto económico, financiación en este caso equivale a concierto económico a la vasca, el mismo que Jordi Pujol rechazó en 1980 porque "*cobrar impuestos es impopular*" (sic). Al parecer, era mucho más popular ante el electorado nacionalista catalán ir a "*Madrit*" a chantajear o ser chantajeado por el Gobierno español de turno. Ahora quizá sea demasiado tarde para comprar la burra de un concierto económico a la catalana.

El tema lingüístico por su parte, tiene mucha miga: resulta que, según esa encuesta, el 41% de los catalanes usa en casa exclusivamente el castellano y el 25% ambas lenguas indistintamente, frente a un 34% que en ese mismo ámbito doméstico usa sólo el catalán. Es decir, apenas uno de cada tres catalanes usa de modo exclusivo el catalán en el ámbito más íntimo.

El fracaso de las políticas nacionalizadoras etnolingüísticas es pues, tras 40 años de rigurosa e incontestada aplicación, clamoroso.

15 de septiembre

La "nueva normalidad" hace estragos en ciertos políticos, urgidos a fingir que están tomando las medidas adecuadas para acabar con la pandemia de coronavirus. Y que a la vez, la economía se recupera bajo su inspiración.

Sin embargo, cualquier ignorante sabe que ambas cosas no pueden darse al mismo tiempo, pues recuperar la producción económica supone, entre otras cosas, provocar grandes concentraciones de masas en transportes públicos, centros de trabajo, comercios y locales de ocio, lugares que ofrecen el caldo de cultivo idóneo para la expansión de un virus altamente contagioso.

Se añaden ahora las fiestas populares en calles y plazas, pues cada año, con el otoño, un alud de Fiestas Mayores inunda la geografía ibérica.

En el empeño por fingir normalidad, aunque sea demediada, algunos ayuntamientos están batiendo verdaderos récords olímpicos. Aquí viene la alcaldesa Colau y su equipo, dispuestos a alzarse con la copa de campeones: no contenta con organizar la Fiesta Mayor de Barcelona cuando lo sensato hubiera sido suspenderla este año, y ya veremos el que viene, la señora Colau ha decidido *dispersar por los barrios* los espectáculos de *una Mercè atípica*.

Quizá se trate de un intento de igualar democráticamente los contagios de coronavirus entre los barrios de la ciudad, vaya usted a saber.

22 de septiembre

Oído en la SER esta mañana:

La media de sueldo en España de un médico es de 51.000 euros brutos anuales, mientras que en Portugal la media está en 70.000; 95.000, en Francia; 125.000, en Alemania; 129.500, en el Reino Unido y 250.400, en EEUU.

En Euskadi, donde más ganan en este país, un médico cobra de promedio 55.000 euros brutos. En Madrid, 44.000.

Acotación personal: el salario medio de un médico madrileño es prácticamente el mismo que el de un policía de base autonómico vasco o catalán, y solo un poco superior al de un policía nacional o un guardia civil.

En los últimos nueve años, 27.500 médicos españoles solicitaron certificados de idoneidad para trabajar fuera de España.

23 de septiembre

Una diputada de Podemos en la Asamblea de Madrid que además es médica, ha explicado ya dos o tres veces en La Sexta que lavar la ropa de cama del hospital provisional de IFEMA costaba 120 euros por cama/día, cuando lavar esa misma ropa tiene un coste promedio en el conjunto de los hospitales públicos españoles de 3 ó 4 euros por cama/día.

Explicaba también esta mujer que en IFEMA se ha gastado supuestamente 400.000 euros en "mantenimiento"... cuando al tratarse de una infraestructura temporal que funcionó solo un par de meses no hubo tiempo material de hacer intervenciones de mantenimiento.

Son solo dos ejemplos con aroma a podrido en la Comunidad de Madrid.

25 de septiembre

Ya comenté hace unos días el sorprendente empeño de la señora Colau, actual alcaldesa de Barcelona, por celebrar este año la Mercè, la Fiesta Mayor de la ciudad, con la pandemia de coronavirus tan despendolada que incluso al presidente Torra le parece *"bien"* que el Ejército español intervenga en sus dominios para intentar paliar los efectos.

La Mercè de este año prometía pues ser una apuesta de riesgo: 300 actos programados, desde conciertos a juegos infantiles, con toda clase de medidas de seguridad garantizadas, faltaría más. O así intentaron venderla. Para evitar las consabidas concentraciones de público en el centro de la ciudad, se anunció oficialmente que la mayoría de actos del programa se llevaría "a los barrios".

La cosa de todos modos no empezó bien, a causa del pregón oficial perpetrado en el Salón de Ciento por el presunto payaso profesional Tortell Poltrona, quien aprovechó la ocasión para, en su habitual estilo de *"caganer"* zafio bajo inspiración báquica (vulgo, borracho perdido), endilgar a los presentes un mitin independentista especialmente grosero y ofensivo para cualquier inteligencia medianamente desarrollada.

En lo que hace a los actos y según he oído en la radio esta mañana, la mayoría están registrando una asistencia muy inferior a la previamente reservada, pues muchos ciudadanos que para asistir a un concierto por ejemplo han tenido que dar sus datos a la organización del acto, se han arrepentido después de hacerlo y no han acudido a la celebración de la actividad. La fiesta se desinfla a ojos vistas: la prudencia en unos casos y el miedo en otros, pueden al voluntarismo.

Lo lamentable del caso es que el mal ejemplo del Ayuntamiento barcelonés, emperrado en sacar adelante "su" fiesta como fuere, contrasta de forma nítida con la actitud responsable de tantos municipios grandes y pequeños que han tenido el civismo de suspender sus Fiestas Mayores este año.

Es evidente que los compromisos contractuales del consistorio que encabeza la señora Colau con las empresas que organizan la Mercè y otras celebraciones culturales y festivas del Ayuntamiento barcelonés, la han obligado a cumplir con ellas antes que con los ciudadanos y ciudadanas de Barcelona.

26 de septiembre
Madrid necesita urgentemente no ya la declaración del estado de alarma, sino la aplicación inmediata del artículo 155 de la Constitución española y lo que comporta: la destitución del Gobierno regional y la intervención de la autonomía por el Estado.

La aplicación de medidas de excepcionalidad para luchar contra la pandemia no puede confiarse a unos individuos y a un partido político que, en el caso de la Comunidad de Madrid, han demostrado sobradamente su incapacidad para la gestión y su mala fe política a la hora de actuar, o mejor dicho para no actuar en modo alguno.

Es evidente que el Gobierno de la Comunidad de Madrid está dejando que se pudra la situación en los barrios populares para forzar la protesta en estos y obligar a la represión de las movilizaciones, con objeto de desprestigiar al Gobierno español y enfrentarlo a sus votantes en esos barrios de la capital y en el resto de la provincia.

(el mismo día)
Dos consejeros de la Comunidad de Madrid han inaugurado un dispensador de gel hidroalcohólico en una estación del metro madrileño, en un acto transmitido por las televisiones. Berlanga puro.

OCTUBRE DE 2020

3 de octubre
La Comunidad de Madrid, con su presidenta al frente, se manifiesta dispuesta a sabotear las medidas decididas por el Gobierno español a fin de salvar la situación creada en esa región, en la que la desidia, la incapacidad y la mala fe aplicadas por Ayuso y su pandilla al gestionar la crisis sanitaria, ha creado una situación extre-

madamente peligrosa para la salud y la propia vida los madrileños.

Es hora de actuar con energía en bien de todos, no solo de los residentes en los barrios ricos y en las urbanizaciones de lujo, como vienen haciendo las Administraciones madrileñas regional y local del PP durante la pandemia.

La negativa de la presidenta de la Comunidad y de su cómplice, el alcalde de Madrid, a facilitar información pública sobre las medidas tomadas por el Gobierno y a implementar actuaciones de vigilancia y sanción por parte de la policía a sus órdenes, es otra provocación, una más, que debe encontrar ya respuesta gubernamental contundente.

4 de octubre

Que las Bolsas del mundo se desplomen porque en un acto de justicia cósmica el emperador Trump haya pillado el coronavirus, según dicen, supera cuanto pueda explicarse sobre la manipulación de esos mercados del dinero presuntamente libérrimos, y en realidad sometidos al más estricto control por un puñado de manipuladores sin escrúpulos cuyas manos los mecen a su conveniencia.

6 de octubre

Resulta que en España tenemos un buen montón de directivos de colegios y asociaciones profesionales más o menos relacionadas con la ciencia, que como buenos "mandos corporativos" son de derechas de toda la vida, y hacen política para sus amos firmando insidiosos papelitos colectivos.

El corporativismo, vieja roña española.

7 de octubre

Hay días en que los titulares que publica la prensa considerada seria, parecen sacados uno tras otro de la página web de *El Mundo Today*. Nunca han faltado esos titulares, pero desde que en marzo explotó la crisis del coronavirus abundan que es un contento.

La mayoría invita a llorar amargamente después de haber reído. Por ejemplo, este titular de *El Periódico de Catalunya* de hoy:

"Las discotecas de Catalunya podrán abrir, pero sin hacer uso de la pista de baile".

Extraordinario. Es como si anunciaran:

"en las iglesias podrán celebrarse misas con asistencia de fieles, pero el cura no dará la bendición a los presentes". O *"los niños asistirán a clase en los colegios, pero se prohíbe hacerles preguntas de matemáticas".*

Resumiendo, en Catalunya las discotecas cerrarán a las tres de la madrugada y los clientes podrán ponerse hasta las trancas de alcohol de garrafón, siempre que no hagan uso de la pista de baile.

¿Y la pandemia? Bien, gracias.

9 de octubre

La presidenta regional de Madrid ha pedido *"más tiempo"* al Gobierno español antes de empezar a tomar medidas serias contra la pandemia.

Ayuso y el coronavirus, la coalición perfecta.

14 de octubre

La juerga estudiantil del colegio mayor Galileo Galilei de Valencia ha costado más de un centenar de contagiados de coronavirus y el cierre de la Universidad Politécnica de Valencia (UPV), dejando a 25.000 estudiantes sin clase por culpa de unos centenares de estúpidos que priorizan su presunto "derecho" al consumo de alcohol, drogas y sexo en rebaño sobre la salud colectiva.

Un sindicato de estudiantes ha convocado manifestaciones bajo el acertado lema "FUERA PIJOS DE LA UNIVERSIDAD", y reclama que los poderes públicos exijan responsabilidades no solo a los organizadores de las fiestas supuestamente clandestinas sino también, y especialmente, a las autoridades académicas y gestores de residencias estudiantiles que permiten que se lleven a cabo.

Este tipo de celebraciones no suele tener carácter gratuito. Por el contrario, acostumbran a mover mucho dinero a través de la venta de entradas, y una vez dentro de la fiesta, de alcohol y drogas.

Pero el problema no es, obviamente, exclusivo de Valencia.

En Granada, Barcelona, Salamanca, Valladolid... miles de jóvenes universitarios vienen haciendo lo mismo, cuando no ocupan las calles reclamando a gritos *"¡libertad!"* mientras enarbolan botellas de alcohol.

Es obvio que hacen falta medidas represivas más contundentes contra esta cochambre social. Medidas no solo de tipo policial y administrativo: las sanciones deberían incluir la expulsión de estos irresponsables de la universidad.

Tampoco estaría de más que se investigara a fondo sobre quiénes son los organizadores de esas fiestas y de las movilizaciones callejeras en su favor.

Y desde luego, debería investigarse cuál es en cada caso el grado de conocimiento, permisividad o complicidad directa con esas actividades de los responsables académicos de esos centros, que han permitido la conversión de residencias y de instalaciones educativas pagadas con los impuestos de todos en tabernas, burdeles y fumaderos para descerebrados.

26 de octubre

(sobre la construcción del hospital Zendal)

La Comunidad de Madrid, en lugar de invertir dinero en la contratación de profesionales sanitarios, se lo da a Florentino Pérez.

Si reabrieran todas las camas que han ido cerrando en los hospitales públicos durante años, en Madrid y en otras autonomías, caso también de Catalunya, no sería necesaria la construcción de ningún hospital para capear la pandemia.

27 de octubre

Aclaro para "trolls" y fascistas en general: las librerías existen. De verdad.

Y aunque parezca increíble, en el madrileño barrio de Salamanca hay librerías. Pocas, pero las hay.

Son esos sitios donde venden unas cosas hechas con papel que llevan encima una tapa con unas letras grandes. Se llaman libros.

30 de octubre

El gobernador de la región italiana de Campania la ha liado parda, al declarar hace unos días que iba a decretar el toque de queda para impedir que se celebrara *"ese monumento a la imbecilidad"* (sic) que según Vincenzo de Luca es la presunta fiesta de *Halloween*. La respuesta en las redes sociales no se ha hecho esperar, y las acusaciones más disparatadas le han llovido a de Luca en cascada. Aunque también los apoyos han sido multitudinarios.

Lo interesante del caso es que a pesar de que la medida anunciada por el gobernador de Luca se enmarca en la lucha contra la expansión del coronavirus —medida que en pocos días ha sido imitada por cierto en toda Europa, al imponerse toques de queda con objeto de impedir las fiestas callejeras y otras concentraciones de gente en general—, el político italiano iba mucho más allá, al denunciar la imposición pseudocultural que representa *Halloween* y otras memeces yanquis llegadas en los últimos años, acogidas con devoción por muchos jóvenes y por bastantes adultos. *"Una inmensa estupidez"* y *"una americanada que hemos importado"*, remataba el gobernador italiano.

Así que cuando pase la pandemia no estaría de más abrir una reflexión a fondo sobre esos compatriotas nuestros que se levantan a las tres de la madrugada para ver los partidos de la NBA norteamericana, que un viernes de diciembre se lanzan a comprar lo que no necesitan porque dicen que es el *Black Friday*, que se disfrazan como payasos tarados para reírse de la muerte y de los muertos porque es *Halloween* (*Jalovín*, como decía irónicamente mi amigo Jorge Schussheim), o que incluso han empezado a celebrar el *Día de Acción de Gracia*s yanqui como si vivieran en Massachusetts y no en Torrelodones o en Sant Cugat.

Intentar espantar la muerte fingiendo que nos reímos de ella no es propio de personas inteligentes. El gobernador de Luca tiene razón: *Halloween* es una americanada propia de imbéciles.

NOVIEMBRE DE 2020

4 de noviembre

En una manifestación de "profesionales del sector de la hostelería" celebrada en Pamplona, un tipo sostenía este cartel: *"Bares sí, políticos no"*.

España, aparta de mí este cáliz.

6 de noviembre

La *"Genialitat"* de Catalunya ha vuelto a discurrir otro de esos disparates a los que llama *"acción de gobierno"*. Se trata ahora de que, ante el avance de la pandemia y la falta de personal sanitario, sean los propios alumnos de ESO (¡a partir de los 11 años!) quienes se hagan a sí mismos las pruebas PCR en los colegios; eso de meterse un palito en las fosas nasales para ver si uno tiene el coronavirus o no. Y de que lo hagan, se supone, con las garantías sanitarias debidas: manipulación adecuada, no contaminación biológica de las muestras, seguridad para el niño y quienes estén cerca de él, etc.

El desatino es de tal magnitud, que los medios catalanes (salvo los oficiales como TV3, claro) no han podido contarlo sin caer en la rechifla.

Tras la primera declaración sobre el asunto hecha por la consejera de Educación llovieron las críticas, las burlas y hasta las carcajadas. Tal ha sido el ridículo, que la señora consejera debió improvisar una rectificación a medias, en el sentido de que los niños no tendrán que meterse el palito hasta el fondo de las fosas nasales sino solo en el acceso de éstas; un modo de prueba altamente ineficaz, según le replicaron los profesionales sanitarios, ya que suele dar falsos negativos. La recogida de material biológico muestral solo es eficaz si se hace hasta el fondo de las fosas nasales, dicen los expertos.

Así pues, ante el recochineo general, la señora consejera tuvo que volver a los medios para sostener que si han pensado en los niños como agentes de estas pruebas es porque los colegios carecen de personal sanitario. Naturalmente que carecen de él, y no solo los colegios, se le vuelve a contestar, dado que en la etapa del señor Artur Mas como presidente de la Generalitat y del señor Boi Ruiz como consejero de Sanidad, se despidieron por miles a médicos y enfermeras del sistema sanitario público catalán, al tiempo que se clausuraban plantas enteras de hospitales como Vall d'Hebron.

Cazada de nuevo, la consejera ha tenido que inventarse, otra vez sobre la marcha, que las muestras las tomarán los niños *"bajo la supervisión de un profesor"*. A las pocas horas, los sindicatos de enseñantes han hecho pública su negativa a participar en algo que está fuera de sus competencias como educadores, tal como se negaron no hace mucho a sustituir a los monitores en los comedores escolares. Así que esta mañana la consejera de Sanidad ha tenido que aparecer en los medios para fabular, finalmente, que *"las pruebas serán supervisadas por personal sanitario"*.

Es obvio que en Catalunya no van a contratar personal sanitario para hacer pruebas PCR en los colegios, cuando no se ha contratado para las residencias de ancianos y escasea desde hace años en los hospitales públicos.

12 de noviembre

Breve trabajo de campo en mi barrio comprobando el estado de la hostelería barcelonesa, supuestamente cerrada a cal y canto.

Y un cuerno, cerrada:

1. Bar con la puerta abierta, aunque con el acceso bloqueado por una mesa. El interior del local está a obscuras. El resto de la fachada permanece con las persianas metálicas bajadas. El camarero chino que hay en el interior sirve cervezas en vasos de plástico, que entrega a los clientes por encima de la mesa. Los clientes consumen en la calle, formando a veces pequeños corros; por supuesto nadie lleva mascarilla. Que el bar sigue funcionando de manera poco clandestina, es perfectamente visible desde la calzada para los coches de policía que pasan por delante de vez en cuando.

2. Bar con cristaleras a dos calles, con las persianas metálicas hasta media altura en un lado (por esa calle

suelen pasar coches de policía) y completamente abiertas en el otro. Todas las luces encendidas en el interior. Varios clientes ocupan mesas dentro del bar, viendo la televisión y charlando mientras beben; no llevan mascarillas, por supuesto. Propietarios latinoamericanos. Como en el caso anterior, llevan abriendo desde que comenzó el teórico cierre de bares en Barcelona, hace ya varias semanas.

3. Bar tradicional de toda la vida, propietarios autóctonos, situado en una plaza céntrica del barrio. Persianas subidas hasta la mitad, otras hasta arriba. Puerta de acceso abierta, luces encendidas dentro; gente de pie, y otros entrando y saliendo.

Son solo unos ejemplos.

El principal foco de contagio en todo el mundo, están siendo precisamente los establecimientos de "hostelería y ocio nocturno". Que en España no se quiera ver, es otra cuestión.

Mantener los bares abiertos es suicida: en toda Europa, los bares son lo primero que se ha cerrado en países con tasas de contagio dos, tres y cinco veces inferiores a la española, antes que los colegios y otros espacios semejantes.

Y eso que en España hay más bares que en toda Europa junta: según el Anuario de la Hostelería Española de 2019 tenemos 170.000 bares y similares, y 70.000 restaurantes, tabernas y casas de comidas.

Los bares abiertos en plena pandemia no son la libertad, sino la muerte.

14 de noviembre

El Gobierno español decretó el confinamiento general en marzo pasado con motivo de la explosión de la pandemia de coronavirus. Pocas horas después, comenzó a circular por las redes sociales y en algunos medios de comunicación supuestamente serios españoles y europeos un vídeo muy llamativo, en el que aparecían centenares de personas pugnando por entrar en un supermercado Lidl, presuntamente situado en Madrid, para intentar comprar alimentos. Se trataba en realidad de una *"fake news"* fabricada con obvia intencionalidad política: las imágenes eran de dos años atrás, grabadas por tanto antes de la pandemia, y correspondían a la entrada en tromba de clientes en un Lidl de Alemania en el que comenzaba una oferta que casi regalaba un determinado producto.

Esta semana hemos asistido a dos *"fake news"* especialmente insidiosas.

En una de ellas vemos una grabación en la que un hombre negro semidesnudo entra en una iglesia durante un oficio religioso, y tras insultar y zarandear a los dos curas que ofician la misa, se apodera de la biblia que hay sobre el altar. Las redes sociales españolas, y sus referentes en los medios de comunicación, nos han bombardeado estos días asegurando que la escena se grabó con un móvil en una iglesia de Canarias, y que el protagonista es un inmigrante llegado en patera. Es mentira. La escena fue grabada hace un año en Guayana, en América del Sur, y no está protagonizada por un inmigrante anticristiano sino por un perturbado mental.

La segunda *"fake news"* de la semana tiene intencionalidad política aún más clara. En un audio se escucha supuestamente a la ministra de Asuntos Exteriores española, Arancha González Laya, felicitar por su elección a *"Bin Laden"* en lugar de Biden, repitiendo por tres veces el apellido del famoso terrorista islamista en lugar del propio del nuevo presidente norteamericano. Inmediatamente un aluvión de mensajes en redes e intervenciones en programas radiofónicos han pedido la dimisión de González Laya, motejándola de analfabeta y discapacitada mental. El audio, en realidad, es una grosera manipulación en la que una mujer imita el estilo de hablar de la ministra, pero el timbre de voz es claramente diferente. Según la propia González Laya, el audio ha sido generado y difundido por el entorno de agitación social de Vox, el partido fascista español.

No son desde luego los únicos casos ni resultan una novedad: baste recordar la infame campaña de los "chistes de Morán", orquestada por el PP contra el entonces ministro de Asuntos Exteriores, hace casi 40 años. Pero sí resultan muy ilustrativos de la falta de escrúpulos de esos profesionales de la mentira, así como del grado de embrutecimiento mental y moral de sus seguidores, ansiosos por creer y ayudar a difundir estas y mayores barbaridades.

Ni Trump ni Bannon tienen mucho que enseñar a la derecha radical española.

24 de noviembre

Esta mañana han dado en la SER la noticia de que el rey Felipe VI está aislado, en cuarentena, *"tras haber es-*

tado en contacto el domingo con una persona que al parecer, ha dado positivo en coronavirus". El rey ha suspendido su agenda oficial.

La noticia en principio no parece tener nada especial dentro, más allá del hecho de haber afectado con algo tan prosaico como un posible contagio a tan augusta persona. Ocurre que tanto la conductora del programa mañanero, Àngels Barceló, como la periodista que estaba informando del hecho, se partían de risa mientras lo comentaban. ¿Por qué? ¿Qué saben ellas que no han dicho?

Algunas pistas. Resulta que según nos ha explicado a los oyentes la compañera de Barceló, el palacio de La Zarzuela (es decir, la Casa Real) ha sacado una nota de prensa que da en qué pensar. Ocurre que el "contacto" de Felipe de Borbón con la persona contagiada se produjo el domingo y sucedió *"fuera de la agenda oficial del monarca",* pues al parecer el rey libra de sus obligaciones ese día de la semana. Don Felipe, dice la Casa Real, dispone de los domingos a su placer (según su real gana), y se deduce que no los comparte con su familia pues ni la reina Leticia con Zeta ni sus hijas han tenido que confinarse, dado que no estaban presentes en esa actividad de su amoroso marido y padre.

Así que, en resumen, parece que Felipe de Borbón estuvo en contacto a solas con "una persona" portadora de COVID-19, no se dice dónde ni en qué circunstancias.

Según las traviesas periodistas de la SER, no se le conocen a Felipe VI aficiones como el pádel, el tenis, la caza, etc. ¿Qué estaba haciendo Felipe de Borbón el domingo, a qué dedica el tiempo libre? ¿el "contacto" fue con un hombre o con una mujer? ¿bajo qué circunstancias tuvo lugar ese contacto?

Y la pregunta clave: ¿Felipe de Borbón tuvo que dormir en el sofá de La Zarzuela el domingo por la noche?

25 de noviembre

La Comunidad de Madrid, esa estafa fiscal al conjunto de los españoles.

Datos oídos en la SER esta mañana sobre el dumping fiscal madrileño, que está acabando con el tejido empresarial de las comunidades circundantes:

— Impuesto medio de Patrimonio en España: 4.500 euros, en Madrid 0 euros.

— Impuesto medio de Sucesiones en España: 4.000 euros, en Madrid 0 euros.

— Tipo máximo de IRPF en Catalunya, el 48%.

— Tipo máximo de IRPF en Madrid, el 21%

Para rematar la jugada, los gestores políticos de la Comunidad madrileña recurren con harta frecuencia y sin cortarse un pelo al Fondo de Compensación Autonómica, porque evidentemente al recaudar en mínimos carecen de ingresos suficientes con los que financiar el funcionamiento ordinario de los servicios de la Comunidad. No puede concebirse mayor desfachatez.

28 de noviembre

Pedro Sánchez visitó ayer el Hospital de La Paz. Al salir del recinto, fue abucheado por veinte energúmenos —veinte contados, según los medios no afectos a la caverna mediática— que le estaban esperando fuera, movilizados y organizados para la ocasión. Más tarde apareció por allí el alcalde de Madrid —¡qué casualidad!—, que fue aplaudido a rabiar por la claque reunida.

La situación me recuerda una vieja historia de los años cuarenta. Una manifestación de falangistas apedreó la embajada británica en Madrid una tarde, reclamando a gritos *"¡Gibraltar español!"*. El ministro de Gobernación (Interior) franquista de entonces, Camilo Alonso Vega, llamó al embajador británico para asegurarle que inmediatamente iba a enviar cuantos policías fueran necesarios *"para garantizar la seguridad de la embajada y de su personal"*.

La respuesta irónica del embajador inglés puso en su sitio al esbirro franquista:

— *Señor ministro, no es necesario que me envíe policías para protegerme, bastaría con que no me enviara manifestantes a apedrearme.*

DICIEMBRE DE 2020

1 de diciembre

Ponerle el nombre de Isabel Zendal, una heroica enfermera del siglo XIX admirada y querida por todos, a un presunto hospital que carece de quirófanos y de servicio de urgencias, y cuya inacabada construcción ha costado ya más de 100 millones de euros, es una blasfemia indecente.

Un nombre muchísimo más apropiado para el nuevo juguete de la presidenta Ayuso, acorde con el servilismo monárquico de la derecha extrema española, sería el de Infante Froilán. Por lo descerebrado y gamberro del invento.

6 de diciembre

Empiezo mi trabajo como escritor a tiempo completo.

10 de diciembre

Un centenar de países miembros de la Organización Mundial de Comercio (OIC) han pedido que se liberen las patentes de las vacunas contra el COVID 19. Encabezan esta petición la India y Sudáfrica, dos países que por razones obvias no pueden competir en el supuestamente "libre mercado" de adquisición de productos farmacéuticos, y que por tanto ven como sus ciudadanos van a tener muy difícil el acceso a las vacunas, salvo que se les permita a estos Estados fabricarlas por su cuenta, usando las patentes registradas comercialmente sin tener que pagar los derechos astronómicos aparejados.

Y es que una vez más, el negocio privado impide o condiciona, según casos, la salud colectiva. Aduce la farmaindustria internacional que las vacunas están sujetas a las leyes que protegen la propiedad intelectual, ya que Pfizer, AstraZeneka, Moderna y las otras compañías farmacéuticas han registrado sus productos planetariamente, como se registra la autoría de un libro o el diseño de una corbata.

Ocurre que estamos hablando de vacunas que salvan vidas humanas, y que además la farmaindustria las ha "descubierto" gracias a las ingentes cantidades de dinero aportadas al proceso de investigación por los Estados, caso de EEUU y la Unión Europea, en concepto de "adelanto" sobre las futuras compras de vacunas una vez comercializadas.

En breve comenzará el proceso de vacunación en los EEUU y Europa, al haber asumido el grueso de la factura presentada por los laboratorios fabricantes. China y Rusia resuelven el asunto al margen de la OIC: usarán sus respectivas vacunas, las que están desarrollando por su cuenta.

¿Y los demás? ¿Y la India y Sudáfrica? ¿y Burkina Fasso, Guatemala y Yemen? ¿Haití, Paraguay, Bután?

La eliminación de patentes para productos farmacéuticos resulta una solución demasiado radical (bolchevique-bolivariana) para el gusto de los defensores del "libre mercado", sean socialdemócratas o "constitucionalistas". No será posible, por tanto.

Tal vez se podría intentar un consenso internacional en el sentido de que fuera la Organización Mundial de la Salud (OMS) quien administrara esas patentes, y quien estableciera criterios para autorizar que se liberara de costes a determinados países en función de la situación objetiva sanitaria, económica y social de cada uno.

19 de diciembre

The Guardian se cachondea del disparatado proyecto de la Generalitat de Catalunya de crear una NASA catalana en medio de una pandemia global, en una Catalunya al borde del colapso sanitario y económico. El artículo es durísimo.

20 de diciembre

Cinco mil estúpidos se amontonaron anoche en un recinto cerrado y abarrotado de Madrid para ver y oír a un anciano narcisista berrear y mostrarse sobre un escenario.

Eso no fue un "concierto" dado por un cantante: eso fue una provocación indecente y calculada, un acto claramente "inspirado", más que autorizado, por politicastros irresponsables.

Que les aprovechen los votos que consiguieron anoche el señor Casado, la señora Ayuso y el señor Almeida. Los nuevos contagiados por COVID-19 y los muertos que se deriven del concierto de Raphael de ayer serán responsabilidad directa suya.

Otra contribución señera del Partido Popular a la lucha contra la pandemia.

22 de diciembre

La apuesta por permitir la infección libre como método para la inmunización general es tan irresponsable y criminal, que no merece ser valorada.

No es casualidad que se haya implantado primero en una Suecia cada vez más alejada del viejo modelo socialdemócrata local, con el previsible y desastroso resultado obtenido en ese país y en los otros que le imitaron.

En la Comunidad de Madrid, su presidenta llegó a verbalizar esta primavera que la afectación en muertes del 1% de su población (más de 70.000 personas) no tenía por qué condicionar la vida y la economía de todos los demás madrileños.

Las consecuencias de esas políticas insensatas y su coste en vidas humanas se dirimirán en los tribunales en los próximos años.

29 de diciembre

Al supremacismo facha catalán le ha sentado muy mal que la primera vacunada en Catalunya haya sido una charnega (emigrante española), que no habla catalán y vive en Hospitalet del Llobregat.

A pesar de que uno ya tiene cierta edad y cree haberlo visto casi todo, no pasa día sin que crezca mi asombro ante el grado de degradación mental y embrutecimiento general al que ha llegado un sector de la gente de este país, personas que más allá de una opción política concreta cual es el independentismo —ni mejor ni peor en principio que cualquier otra opción—, ha hecho del odio al otro su verdadera razón de ser y de existir. En Catalunya hay miles de personas en apariencia normales y supuestamente independentistas, a las que, si se les diera a elegir entre la independencia del país o el que los charnegos se murieran todos de repente, escogerían sin vacilar y como un solo nazi la segunda opción.

Lo más surrealista del asunto es que entre estos oligofrénicos hay una proporción considerable de descendientes de emigrantes, lo que les convierte a ellos en charnegos de segunda o tercera generación. Hace años conocí a uno de estos fanáticos odiadores cuya genética andaluza asomaba sin disimulo posible tras un físico agitanado que parecía sacado de un poema de García Lorca. Claro que ya sabemos que entre los dirigentes nazis del Tercer Reich más violentamente antisemitas abundaban los antecedentes judíos directos, desde el mismísimo Adolf Hitler para abajo.

"Cuando en los tuétanos tiembla despabilado el odio", dice un verso de un poema de Rafael Alberti. En Catalunya hay un sector del independentismo al que el odio le tiembla directamente en los testículos o en el fondo de la vagina. En ningún caso en el cerebro: se lo extirparon ellos mismos hace tiempo.

Dietario de la pandemia
año 2021

ENERO DE 2021

1 de enero

Fernando Simón es, sin duda alguna, el hombre del año en España. Con todo merecimiento.

El maño de hierro, el hombre antipánico, el doctor sin miedo: Fernando Simón.

2 de enero

Tenemos que ser socialmente responsables. Las campañas antivacunación no sólo son un peligro sanitario para todos, sino también un ataque directo a los fundamentos de la convivencia cívica y una apuesta calculada a favor del caos, fomentada por la extrema derecha mundial.

12 de enero

Muere por coronavirus, a los 49 años, un presentador de televisión brasileño que se reía de la pandemia.

De la prensa de hoy:

"Stanley, bolsonarista —hasta el punto de publicar fotos con el presidente Jair Bolsonaro en sus redes sociales— criticaba a los alcaldes y gobernadores que decretaban medidas de restricción para frenar el avance del virus. Recientemente, había incorporado a su repertorio el discurso antivacunas difundido por el ala más radical de seguidores del presidente".

Justicia cósmica.

22 de enero

Hay que ver cómo se sacrifican y sufren por España los señores del Altísimo Estado Mayor: tener que vacunarse ·

ellos los primeros, sin esperar a que lo hagan sus subordinados y mucho menos los "paisanos". A pesar de que somos nosotros, los paisanos, quienes pagamos sus opíparos sueldos, dietas y extras con nuestros impuestos.

Y encima el jefe de esa tropa aduce que el Ejército tiene *"sus propias vacunas"*. Ellos hacen rancho aparte; nada que ver con los paisanos, ya se sabe.

No tienen un átomo de vergüenza, los patriotas del Altísimo Estado Mayor.

A esos golfos les enviaba yo de soldados rasos a la UME, a recoger nieve a paladas o a apagar incendios. Para que hicieran algo útil por una vez en sus vidas.

24 de enero

Ayer volvió a las calles de Madrid el ya famoso rebaño formado por cayetanos, pijoflautas, terraplanistas, antivacunas, ufólogos, creacionistas, negacionistas de todo pelaje y fascistas en general, manifestándose de forma ilegal en plena pandemia.

En el desfile de fenómenos destacaban los milagreros vendedores de remedios infalibles contra el virus cuya existencia niegan, remedios que abarcan desde la "ingesta" de lejía según la receta de Trump a las oraciones salmodiadas un determinado número de veces; el delirio es libre, o eso dicen.

Las presuntas ovejas de la manada desfilaron sin mascarillas, bien pegadas unas a otras, y profanando a gritos conceptos como libertad y democracia, que en sus bocas miserables se transforman en obscenidades perversas.

Señor ministro del Interior y señor delegado del Gobierno en la Comunidad madrileña, háganselo mirar. Les están infectando Madrid a conciencia y ustedes dos, ni pío.

25 de enero

El *conseller* de Comercio de la Generalitat de Catalunya, un tal Tremosa, pide *"flexibilizar"* algunas restricciones y permitir en febrero los viajes a las estaciones de esquí para *"salvar la economía"* de las comarcas del Pirineo catalán. El gobierno catalán *"estudia esa idea"*, dice.

Curioso. Estos elementos son los mismos que andan clamando contra la celebración de las elecciones autonómicas cl 14 de febrero, fecha que en su día fijó la propia Generalitat, con el argumento de que la salud de los catalanes está antes que las elecciones.

Antes que las elecciones parece que sí. Pero *"salvar la temporada de esquí"* resulta al parecer prioritario para Tremosa y compañía. De hecho, según la información del diario *Segre*, el conseller Tremosa ya se ha comprometido con las fuerzas vivas de la zona a abrir las estaciones de esquí.

En esas manos está la salud y la vida de los catalanes.

27 de enero

Imagino por un momento que el ya ex ministro de Sanidad, Salvador Illa, hubiera usado el atril del Congreso de los Diputados para proclamar *urbi et orbe* que está *"hasta los cojones"* de las sandeces e infamias que sobre él lanzan los políticos de la desleal oposición y sus medios de intoxicación de masas.

Pienso inmediatamente en la reacción en forma de maremoto (tsunami, para los modernos) que estaríamos viviendo en los medios y en las redes, y por supuesto en la política española.

Pues eso mismo, pero en femenino, fue lo que eructó hace unos días doña Alba Vergés (ERC), de profesión programadora informática y actual consejera de Sanidad de la Generalitat de Catalunya, ni más ni menos que desde el atril del Parlamento catalán. Dice la señora Vergés que tiene *"los ovarios hinchados"* (sic) de tantos y tantos *"ataques personales"* como recibe.

Que a la señora Vergés se la califique en público de política insolvente e inútil, y a su gestión al frente de la Conselleria de Sanidad de deleznable y peligrosa para la salud de los catalanes, es fruto simplemente de la nefasta actuación de esta persona y de su equipo en el ejercicio de la responsabilidad asumida.

Si por esa causa se le inflaman los ovarios, la señora Vergés debería acudir de inmediato a su ginecólogo. O mejor todavía, presentar la dimisión de un cargo que le viene muy grande, y para el que por cierto la nombró el botarate de Joaquim Torra, quien afortunadamente ya está fuera de la política.

En todo caso, pretender pasar por feminista por haber parido una frase de tan mal gusto, solo demuestra la índole del personaje y su cutrez mental.

29 de enero

Ahora resulta que las Comunidades autónomas van a regular incluso las relaciones sexuales de sus administrados, permitiéndolas solo en el caso de convivientes, con la excusa del coronavirus.

Siempre he sospechado que al PP, derecha rancia y ensotanada al cabo, le encantaría impedir las relaciones sexuales entre personas no convivientes, es decir fuera de los supuestamente sagrados vínculos del hogar y la familia:

"Han quedado prohibidas desde este lunes las relaciones sexuales entre dos o más personas no convivientes según se desprende del Boletín Oficial de la Comunidad de Madrid (BOCM)".

Lo lleva la prensa de hoy.

30 de enero

Vivimos en un sistema llamado capitalismo, en el que no todas las vidas valen igual ni mucho menos. Tenía que pasar pues lo que ha pasado con las vacunas contra el coronavirus: resulta que, si uno dispone de 50.000 dólares, ganas de pasar unos días de vacaciones a todo lujo, y goza de los contactos necesarios, en Dubái le vacunan contra el COVID-19 sin esperar turno ni hacer colas.

Por fin sabemos adónde van a parar las vacunas desaparecidas en Europa: a ese pozo negro del capitalismo más lujoso llamado Dubái, en el que hozan multimillonarios sin escrúpulos, sean eméritos o no, y al que viajan en vuelos-basura algunos zoquetes para babear ante los rascacielos construidos a la vera del desierto gracias a las plusvalías de todos los tráficos imaginables, incluidos algunos legales.

Lo del viaje de lujo y las vacunas tampoco es que sea para cualquiera. Hay que pertenecer a selectos círculos para que acepten incluirte en tan humanitaria y cristiana iniciativa, destinada a preservar la salud de los poderosos a costa precisamente de robar las vacunas destinadas a quienes ellos consideran chusma, es decir a la gente corriente. La salvación una vez más, se reserva para las élites del dinero y su influencia.

En momentos así uno se acuerda de películas como *V de vendetta.*

FEBRERO DE 2021

2 de febrero

La señora Ayuso empieza a ser un problema para su propio partido. Su enloquecida estrategia en Madrid, que pasa por la absoluta subordinación de la salud de sus administrados a los intereses económicos de las diversas patronales actuantes en la Comunidad madrileña, especialmente la hostelera, amenaza con convertir la pandemia en un mal endémico en Madrid y autonomías vecinas.

Ayuso es un pésimo ejemplo, cuya actuación está poniendo entre la espada y la pared a los gobiernos autonómicos del PP, presionados por sus organizaciones empresariales regionales, que les exigen seguir el ejemplo de la nueva lideresa madrileña. De ahí el enfado monumental del gallego Feijóo y de otros barones autonómicos con mando en plaza, a quienes las patronales de sectores como la hostelería y el turismo de sus regiones se les echan encima reclamando que hagan como la madrileña, es decir que prioricen por encima de todo el negocio privado y los beneficios empresariales, aunque sea a costa de la extensión y enquistamiento de la pandemia y la subsiguiente muerte de miles de personas.

En su huida hacia adelante, Ayuso no cesa de disparar medidas irresponsables: ahoga los barrios obreros con confinamientos por "zonas sanitarias" que los convierten en guetos aislados, mientras en la ciudad burguesa campan a sus anchas verdaderas multitudes consumiendo productos en establecimientos y en la calle; torea los horarios fijados por el Gobierno para todo el país, y marca un toque de queda que es una burla al concepto mismo de restricción horaria nocturna; incrementa las posibilidades de contagio de manera exponencial ampliando de 4 a 6 el número de personas que pueden reunirse en bares y cafeterías; desde el atril de un mitin en Barcelona proclama que es un *delito* (sic) que en Catalunya esté *todo cerrado, cuando con este clima debería estar todo abierto*; y remata sus delirios lisérgicos con la "propuesta" de vacunar a los camareros de modo prioritario al considerarlos parte de los servicios esenciales, cuando ni siquiera se ha terminado de vacunar al personal sanitario.

Mientras tanto, en Madrid no hay personal sanitario suficiente para administrar vacunas, las UCIS de los hospitales rozan el colapso y la masacre de ciudadanos de a pie continúa.

10 de febrero

Dice el señor juez que ha ordenado abrir los bares en Euskadi que un epidemiólogo *"es un médico de cabecera que ha hecho un cursillo"* (sic). Su señoría se llama Luis Ángel Garrido y parece que tiene cierta afición a la frasca, dicho sea con todos los respetos debidos a tan insigne profesional del Derecho.

O sea que quien de verdad sabe de las cosas de la salud, de virus, de epidemias y de todas esas menudencias son los jueces como Garrido, un señor muy listo que tiene todo el aroma de haber hecho carrera profesional cara al sol con la toga nueva entre cursillo y cursillo de leyes.

Y es que con Garrido llueve sobre mojado. Su posicionamiento negacionista, contrario a cuanta medida razonable han tomado los Gobiernos español y vasco para atajar la pandemia, ha quedado bien patente en media docena de resoluciones judiciales alumbradas por él, siempre a favor de los propietarios de los bares vascos, así como en las críticas antigubernamentales presuntamente ingeniosas que al parecer gusta deponer en Twitter.

Al juez liberador de los bares de Euskadi y sus horarios deberían nombrarlo reinona del *Kalimotxo* del próximo Aste Nagusia bilbaíno o donostiarra. Se lo ha ganado a pulso, el caballero.

16 de febrero

"La libertad es una librería" (Joan Margarit).

En España, una terraza de bar.

MARZO DE 2021

14 de marzo

La aparición del dietario que Juan Marsé escribió con intermitencias a partir del año 2004 hasta 2019, ha sacudido los cimientos de la intelectualidad de guardia en el Reino de España y republiquetas de ficción aledañas.

Según dicen, Marsé no deja títere con cabeza en el dietario, ejecutando uno tras otro a los más brillantes figurones de la escritura contemporánea en el idioma del Imperio (español, por supuesto).

Los epítetos que distribuye Marsé en el libro son de campeonato: de Javier Marías dice que posee *"un ego a piñón fijo"* y que su prosa es *"pringada"*; a la de Francisco Umbral la califica de *"sonajero"*; *"resabiada"*, la de Javier Cercas; *"insolvente"*, la de Ruiz Zafón; y *"ensotanada"*, la de Juan Manuel de Prada. Por mi parte no puedo estar más de acuerdo.

Por cierto, Marsé le sacude con igual entusiasmo a un extremista de derechas como Arturo Pérez Reverte como a representantes de la "gauche divine" literaria social-liberal como Juan Cruz y Antonio Muñoz Molina. Solo salva, y de nuevo con razón, a amigos suyos como Jaime Gil de Biedma y Eduardo Mendoza.

El ajuste de cuentas de Marsé alcanza a los premios literarios: la calidad de las obras presentadas al premio Planeta, del cual fue jurado hasta que se cansó del paripé, es *"subterránea"*. A la novela de una ganadora la califica de *"infame"*.

En terrenos más allá de la literatura, califica de *"antro"* y *"mafia"* al FC Barcelona, y a los patriotas catalanes de *"perfectos carcamales que no merecen el menor respeto"*. En Catalunya se siente perseguido por escribir en castellano, pero en Gran Bretaña no se le quiere por ser catalán.

Una vez más, critica todo nacionalismo, mencionando de modo expreso el catalanismo y el españolismo. A él, lo único que le interesa, dice, es el culo de Jennifer López.

20 de marzo

París y su región comienzan el tercer confinamiento total desde que empezó la pandemia.

Durará un mes. Bares cerrados, colegios cerrados. Solo abrirán comercios catalogados como esenciales: supermercados, panaderías, farmacias, bancos… y librerías.

Sí, en Francia las librerías se consideran servicios esenciales.

ABRIL DE 2021

13 de abril

Francamente, no entiendo cómo se puede difundir en público las burradas que propala un cretino que tiene el cerebro destruido por las drogas, como es el caso del cantante Miguel Bosé, según ha reconocido él mismo.

Es radicalmente mentira que haya opiniones científicas enfrentadas sobre el asunto de la pandemia: solo fascistas, chiflados y conspiranoicos enredan en las redes sociales con este asunto, frente a la opinión unánime de los científicos, es decir de las personas que saben de lo que hablan.

Si Miguel Bosé opinara sobre física cuántica o defendiera opciones creacionistas y negara la evolución de las especies, todos nos reiríamos de él. En cambio, se admite que pontifique sobre una tragedia que ha producido en el mundo 2 millones de muertos y 130 millones de afectados, y sobre la que igualmente no tiene ni la más remota idea.

No todas las opiniones valen lo mismo. Dejemos de prestar atención a las sandeces de majaderos ignorantes, y escuchemos solo a quienes saben de lo que hablan.

Todo este ruido estúpido me recuerda una frase de Manuel Azaña: *"Si los españoles habláramos sólo y exclusivamente de lo que sabemos, se produciría un gran silencio que nos permitiría pensar"*. Amén.

17 de abril

Cuando se desató en Europa la llamada gripe española tras la Primera Guerra Mundial, hacía años que en los escenarios parisinos triunfaba Joseph Pujol, un singular artista nacido en Marsella hijo de un obrero catalán inmigrante.

Pujol ha pasado a la historia del mundo del espectáculo francés con el sobrenombre de *Le Pétomane*, porque su habilidad era soltar gases a voluntad. Es decir, Joseph Pujol se ganaba espléndidamente la vida tirándose pedos sobre el escenario del Moulin Rouge. Modulando a placer las emisiones por la puerta trasera de su anatomía, lo mismo interpretaba *La Marsellesa* y composiciones de música clásica, que apagaba luces o las encendía. Cuentan que tal actividad llegó a reportarle el cobro de 20.000 francos diarios, mientras que Sara Bernhardt, la más popular actriz francesa de todos los tiempos, cobraba unos 3.000 francos por día.

Pues bien, nadie jamás llegó a pedirle a *Le Pétomane*, y ni siquiera a Sara Bernhardt, su opinión sobre las medidas gubernamentales tomadas para combatir la epidemia de gripe que asolaba Francia más que a ningún otro país. En ninguna hemeroteca ha quedado entrevista alguna en la que se recabara su parecer sobre el trascendente asunto.

Y sin embargo, en la España de hoy los medios de comunicación y singularmente las televisiones, hacen cola para que presuntos artistas en decadencia irremediable —caso de Miguel Bosé, Victoria Abril, Alaska y algún otro—, se tiren pedos negacionistas desde ellos.

¿A santo de qué hemos de soportar el olor a tonto indocumentado que desprenden los susodichos y susodichas hablando de la pandemia de COVID-19 en sus intervenciones pontificales desde los medios de comunicación?

Cuánto más adelantados en esto estaban los medios de comunicación franceses (¡y españoles!) de hace un siglo. A Joseph Pujol solo le preguntaban por lo que sabía hacer: tirarse pedos desde un escenario. Deberían tomar nota en TVE, La Sexta y compañía.

18 de abril

El Diccionario Histórico de la Lengua Española de la RAE ha incorporado recientemente, entre otras, una acepción nueva, generada en los primeros meses de la pandemia que sufrimos.

Se trata de COVIDIOTA, y la definición que da la docta institución resulta impecable en su justeza:

"Persona que se niega a cumplir las normas sanitarias dictadas para evitar el contagio de la covid".

MAYO DE 2021

11 de mayo

Recibida esta mañana la primera dosis de la vacuna contra el COVID-19.

El jueves pasado me llamaron por teléfono citándome para hoy en el CAP de mi barrio, a las 9'40h. Todo ha ido como la seda. Acceso al centro restringido y ordenado, y espera muy breve a pesar de tener 15 personas delante.

A las 9'30h han comenzado a vacunar dos enfermeras, con el apoyo de otra que preparaba las dosis y una cuarta que llevaba la cosa del papeleo. En 15 minutos nos han vacunado a todos. Personal eficiente, serio y agradable; y muy joven.

La vacuna que me han puesto es AstraZeneca, tal como me avanzaron por teléfono. Ni siquiera he notado el pinchazo, yo, que le tengo pavor a las agujas. A las 9'45h ya estaba vacunado. Diez minutos de relax en la sala de espera, y a la calle.

Merece la pena vacunarse, pero en tu CAP. Los vacunódromos, para el gato.

(el mismo día)

El locutor Carles Francino ha vuelto hoy a la Cadena SER tras 47 días fuera de combate por coronavirus. Su testimonio, espeluznante, seguramente no servirá para nada, porque la salud colectiva les importa un carajo a los intereses económicos mafiosos, a los políticos y otros profesionales sobornados por ellos, y a las masas de descerebrados que han convertido esta epidemia en una masacre.

Me quedo con una imagen terrible que aporta Francino para la Historia Universal de la Infamia: desde la UCI del Hospital Clínico de Madrid se puede escuchar el botellón en la calle.

Y me quedo también con la rabia y la impotencia que sienten, ante ese comportamiento infrahumano, el personal sanitario y los pacientes del servicio.

23 de mayo

Anoche, miles de energúmenos tomaron el centro de Madrid para celebrar que un grupo de mercenarios millonarios ganaron un torneo futbolístico español.

La complicidad de las Administraciones públicas con la borregada es evidente. En lugar de dispersarlos a hostia limpia, como suele hacerse cuando se trata de manifestantes perjudicados en sus derechos sociales o económicos, la policía hizo todo lo posible para que el tráfico rodado no molestara a los reunidos, quienes tras tomar por asalto durante horas un céntrico monumento se dedicaron a lanzarse botellas y latas una vez vaciadas de cerveza, como demostración pública de la alegría que les embargaba.

En suma, un espectáculo patético y repugnante que muestra a las claras el grado de alienación individual y colectiva de esta sociedad, y las complicidades existentes para que esto siga siendo así.

Una de las consecuencias del delirio futbolero de anoche fue la muerte de un crío de 14 años, que al sacar medio cuerpo por la ventanilla de la furgoneta en la cual se dirigía a la concentración se golpeó la cabeza contra una pared del parking en el que sus acompañantes iban a dejar el vehículo, a escasos metros de la plaza asaltada por el bárbaro jolgorio. Se trata de una muerte radicalmente estúpida, dramáticamente innecesaria si puede decirse así.

Tres hombres africanos han muerto esta semana ahogados frente a la playa de Ceuta por intentar alcanzar una vida que les garantizara la supervivencia a ellos y a sus familias, mientras que un niño español ha perdido la suya por sentirse parte de algo imaginario, que solo existe de algún modo en las cuentas corrientes de los tunantes que viven espléndidamente del fútbol, y evidentemente no me refiero solo a los jugadores profesionales. El contraste es tan brutal que hace daño con solo pensar en él.

26 de mayo

La Comunidad de Madrid se prepara para clausurar decenas de Centros de Salud dentro de un "plan de reestructuración" de la sanidad pública en la región, con la excusa del verano y la falta de personal.

Según explicaba ayer en televisión una médica dirigente sindical, en la región de Madrid faltan por cubrir las plazas de 1.100 médicos de medicina general y de 300 pediatras, por lo que hay dos millones de adultos y trescientos mil niños que no tienen médico de cabecera o pediatra asignado, y deben ser visitados ocasionalmente por otros médicos.

La situación de falta de personal es tan dramática, que hay Centros de Salud madrileños en los que un médico recibe 85 pacientes en un turno de mañana, teniendo que prolongar las visitas hasta avanzada la tarde sin cobrar esas horas extras.

La solución es pues, según la Comunidad de Madrid, cerrar los Centros de Salud: muerto el perro, se acabó la rabia. Unos genios, Ayuso y sus secuaces.

JUNIO DE 2021

2 de junio

Barcelona ha abierto 3.500 terrazas de bares y restaurantes en este año de pandemia, que se han sumado a las 6.000 terrazas que ya existían en enero de 2020. En total, 80.000 metros cuadrados de superficie pública de la ciudad —aceras y calzada— están ocupados de modo permanente por un único tipo de negocio privado.

El Ayuntamiento de Barcelona les ha prometido ahora a los propietarios de esos establecimientos comerciales que la privatización del espacio público que disfrutan será definitiva. Brutal. E insostenible.

Quién ha visto y quién ve al Consistorio que encabeza la señora Colau. Hasta hace un año, la alcaldesa defendía a capa y espada la necesidad de una nueva ordenanza que regulara con mayor firmeza las terrazas; hoy se les da barra libre y derecho de pernada sobre aceras y hasta sobre viales de la calzada.

Y es que los hosteleros han demostrado tener una capacidad inusitada para atraer la atención pública sobre sus reclamaciones, por egoístas y delirantes que puedan ser. El ejemplo de Madrid y de cómo Ayuso y el PP han movilizado al sector en su beneficio electoral, parece que tiene acogotados a los alcaldes de todos los colores. Incluida por supuesto, la señora Colau.

12 de junio

"Juan Comodoro buscando agua, encontró petróleo. Pero se murió de sed" (Facundo Cabral).

25 de junio

Hoy entra en vigor la ley de Regulación de la Eutanasia. Es uno de los mayores triunfos de la razón sobre las tinieblas habidos en España en toda su historia.

No exagero. Aquí no estamos hablando de derechos civiles sino de algo más esencial, cual es el sagrado derecho de disponer de la propia vida, sin que brujos y matasanos alimentados por intereses ideológicos y económicos espurios decidan por cada uno de nosotros. En mi vida mando yo.

Se acabó el sádico placer inquisitorial con el que curas y monjas exhortan a los moribundos a *ofrecer tu sufrimiento a Dios por la redención de tus pecados*", perversidad alimentada por la Iglesia católica durante casi dos milenios de odio a la Humanidad.

La reacción furibunda de la secta vaticana ante la eutanasia es indicio de que hemos llegado al meollo del asunto de la libertad individual, negada por las creencias irracionales difundidas por esa mafia. Se les acabó imponer el dolor y el padecimiento ajeno y usarlos como instrumentos de control mental y social.

Hoy la Conferencia Episcopal Española chulea en los medios que en los hospitales religiosos habrá un cartel que dirá: "zona libre de eutanasia"; supongo que estará al lado del rótulo "prohibido fumar". Los sin conciencia apelando a la conciencia, no deja de ser un espectáculo divertido aunque realmente siniestro.

La ley de Eutanasia española contempla que para solicitarla habrá que cumplir unos requisitos básicos, todos avalados por el sentido común: quienes recurran a ella deberán ser personas mayores de edad, con enfermedad grave e incurable y sufrimiento constante e intolerable. Se establece además una serie de filtros y garantías, que sin entorpecer ni alargar los trámites aseguran la seriedad del proceso.

En un día como hoy hay que dedicar un recuerdo especial al doctor Luis Montes, martirizado por ayudar a morir a pacientes terminales, y que allá por 2007 y años siguientes fue objeto de una salvaje persecución organizada por la Consejería de Sanidad de la Comunidad madrileña, que entonces presidía Esperanza Aguirre (PP).

El doctor Montes fue crucificado en público por defender el derecho a una muerte digna, y sobre todo por defender una sanidad pública universal y de calidad, frente a un Gobierno regional corrupto que privatizó recursos sanitarios básicos beneficiando a holdings empresariales vinculados a los principales dirigentes del Partido Popular.

26 de junio

Frente a la inmunidad de grupo, el contagio de rebaño.

Miles de adolescentes han regresado de Mallorca esta semana una vez finalizados sus viajes de fin de curso, trayendo consigo a la vuelta el contagio adquirido del COVID. Cualquiera podía prever lo que ha sucedido, desde el momento en que de modo absolutamente irresponsable se ha permitido a estos borregos ir a Mallorca a hacer lo único que al parecer se les da bien: beber como esponjas y gamberrear como una horda de hunos.

Ayer veía y oía en televisión a estos ultraidiotas adolescentes, reclamando su ración de *libertad* y su *ne-*

cesidad" (literal) de organizar botellones en cualquier rincón *"al encontrar las discotecas cerradas"*. A eso, sus papás y los medios de comunicación lo llaman "viaje de estudios".

Centenares de estos atontados han infectado a sus familiares, conocidos o simples contactos casuales en Madrid, Valencia, Barcelona... El macro brote está servido en toda la Península, pero los hoteleros de Mallorca no tienen motivo de queja: los viajes de fin de curso de esas acémilas les han salvado el mes de junio.

JULIO DE 2021

2 de julio

Un libro imprescindible para este verano: ¡VERGÜEN-ZA! EL ESCÁNDALO DE LAS RESIDENCIAS (titulado así, en mayúsculas).

O como miles de ancianos murieron víctimas de la codicia, la rapacidad y la falta de humanidad de empresas sin escrúpulos y de políticos corruptos a su servicio.

Homicidios culposos, una buena parte de ellos concentrados en las residencias de ancianos de la Comunidad de Madrid.

7 de julio de 2021

Hoy he recibido la segunda dosis de la vacuna contra el COVID.

Justo ayer, martes, se cumplieron 8 semanas de la primera dosis, que me pusieron el 11 de mayo.

Tenía cita para el 31 de agosto, pero esta tarde, sobre las 17h, me han llamado por teléfono para ir al CAP del barrio y ponerme la segunda, si me iba bien. He dicho que sí, naturalmente, y he salido disparado hacia el CAP. Vacunan hasta las 19'30h, había tiempo de sobra.

En la sala de espera encuentro dos personas de mi edad recién vacunadas. Soy el primero, ni siquiera me da tiempo a sentarme. Pim pam, dicho y hecho. El pinchazo es tan leve que la enfermera no me pone una tirita. Cinco minutos de relax en la sala, y de vuelta a casa. Cuando salgo, entran a la zona de vacunación dos personas más.

DICCIONARIO CRÍTICO
DE LA PANDEMIA

Aplanar la curva

La gran obsesión de políticos, epidemiólogos y medios de comunicación durante la primera ola de la pandemia, en la primavera de 2020. Todo sacrificio se consideraba poco en esos meses iniciales, si ayudaba a aplanar la curva de crecimiento del contagio.

"Picos", "curvas", "valles", llenaban declaraciones, ruedas de prensa y titulares mediáticos. Finalmente se aplanó la curva y el contagio cayó, tras miles de muertos y un esfuerzo descomunal de los trabajadores del sistema público de salud.

La sensatez no duró mucho. A finales de la primavera apareció mágicamente un nuevo lema: "salvar la temporada de verano" (es decir, el negocio turístico), cuya aplicación disparó de nuevo la curva de contagio en forma de segunda ola.

Asintomático

En puridad, es asintomático quien carece de síntomas a pesar de padecer una determinada enfermedad.

Aún se dice mucho todavía de quienes, a pesar de estar contagiados por el coronavirus, no han necesitado hospitalización ni tratamiento médico alguno.

Durante demasiado tiempo se insistió en que niños y jóvenes eran "asintomáticos" en relación al COVID-19. Esta circunstancia creó entre esas franjas de edad la falsa idea de inmunidad frente al virus, propiciando entre jóvenes y adolescentes un comportamiento abiertamente irresponsable durante la pandemia.

En la quinta ola de contagio (verano 2021) hemos podido comprobar que las mutaciones del virus han terminado por ensañarse precisamente con los jóvenes.

Bar

Establecimiento típicamente español, donde se expenden bebidas de toda graduación alcohólica prácticamente a cualquier hora del día y de la noche, y a donde se acude preferentemente en grupo, que a menudo incluye personas de riesgo e individuos que se niegan a llevar mascarilla, guardar distancias de seguridad, etc.

Según el Anuario de la Hostelería de España de 2019, ese año había en este país 170.000 bares, una cifra superior a la de establecimientos de este tipo existentes en todo el resto de Europa junto.

Los bares españoles, y sus mundialmente conocidas terrazas, han sido un canal de primer orden en la transmisión social de contagios, debido a que su funcionamiento desordenado y su uso masivo facilitan toda suerte de incumplimientos de las más elementales normas de prevención.

Incluso en países donde el bar no tiene la relevancia de España como lugar de encuentro e intercambio social, su papel como centro de contagio resulta abrumador. Un estudio realizado por seis universidades norteamericanas, ya en el verano de 2020, revelaba que el 80% de los contagios por coronavirus en EEUU habían pasado de un modo u otro por un bar.

Botellón

Variante cutre del consumo de alcohol en grupo, muy popular entre los jóvenes en toda España.

El botellón consiste en reunirse en un espacio público determinado (playa, plaza, descampado o en mitad de cualquier calle), y beber en grupo alcohol barato, a ser posible durante toda la noche y provocando el mayor ruido y molestias posibles a los vecinos.

En Barcelona, algunos botellones han llegado a reunir a miles de jóvenes en la zona del Born y en la playa de la Barceloneta. Hay que destacar que, en esta ciudad, como en muchas otras, las ordenanzas municipales prohíben desde hace décadas la venta y consumo de alcohol en la calle.

Sorprendentemente, las autoridades no reaccionan con la contundencia que sería de desear contra esta práctica sanitariamente peligrosa y socialmente delictiva. La policía suele solicitar a los jóvenes que disuelvan el botellón, pero raramente emplea para hacerlo la fuerza que usa, por ejemplo, para liquidar una manifestación de trabajadores o de estudiantes.

Y ello a pesar de que la práctica del botellón —que comenzó en las noches de los fines de semana— se ha convertido en una costumbre diaria, a pesar de los toques de queda y otras medidas limitadoras y coercitivas.

Evidentemente, el botellón ha sido y sigue siendo un extraordinario canal de contagio y propagación del coronavirus.

Brote

El brote de contagios por COVID en un lugar determinado de la geografía española es una de las noticias más temidas por los políticos locales y regionales afectados.

Y sin embargo, ciertas decisiones políticas, tomadas bajo presión empresarial, como lo son el fin de confinamientos, el levantamiento o atenuación de restricciones y la laxitud en la aplicación de medidas sancionadoras, los propician de un modo inevitable, y en muchas ocasiones, suicida.

Los brotes suelen ser consecuencia directa de la prioridad "salvar la economía", es decir de la voluntad de anteponer los negocios a las vidas. La respuesta del virus en esos casos es contundente e inmediata.

Cayetanos

En mayo de 2020, tras dos meses de confinamiento, comenzaron en Madrid unas movilizaciones que al principio se limitaron a la calle Núñez de Balboa (residencia de familias prominentes del régimen franquista), y posteriormente se extendieron a casi todo el barrio de Salamanca, el más rico y derechista de la ciudad.

Se trataba de la *pijoborroka*, manifestaciones y caceroladas que durante varias tardes llevaron a la calle a *borjamaris, pijosdalgo, fachalecos, cayetanos* y otros elementos pertenecientes a las clases privilegiadas madrileñas, que reclamaban "libertad" a gritos y exigían la reapertura de los comercios de lujo y los clubs de golf, entre otras reivindicaciones por el estilo.

La inacción de la Delegación del Gobierno en Madrid ante el esperpento acabaría costándole el cargo meses después a quien entonces lo ostentaba, José Manuel Franco.

A pesar de los esfuerzos hechos por los aparatos políticos y mediáticos de la derecha radical y la extrema derecha —detrás de las movilizaciones no tardaron en aparecer el PP y Vox—, el movimiento tuvo muy escasa repercusión en otras ciudades. Las "protestas de pijos" terminaron extinguiéndose por sí mismas.

El apelativo *"cayetanos"* hacía referencia a la entonces portavoz del PP en el Congreso de los Diputados, Cayetana Álvarez de Toledo, cuyo rancio clasismo y extremismo ultraderechista la convirtieron en un icono para los jóvenes de familias adineradas madrileñas.

Centros de Salud

Durante la larga —y no finalizada— pandemia, sobre todo en los meses iniciales, los Centros de Salud de los barrios populares fueron verdaderos *Forts Apaches*, donde los profesionales sanitarios resistieron con heroísmo al avance del coronavirus.

Sin embargo, desde hace bastantes años las Comunidades Autónomas gobernadas con criterios neoliberales, caso de Madrid y Catalunya, se han empeñado en desmontar las redes de Centros de Salud barriales, en el marco de agresivas políticas de destrucción de la sanidad pública, y subsiguiente privatización de los servicios sanitarios.

La falta de personal humano y de recursos materiales adscritos a esas redes las dañó de modo considerable. Al llegar la pandemia y no poder contar con su protección, se comprometió gravemente la supervivencia física de los usuarios, que en la periferia obrera de las grandes ciudades suelen ser personas mayores con pocos medios individuales y familiares.

Los planes trazados por el Ministerio de Sanidad para recuperar los Centros de Salud en su primitiva función como centros de atención primaria, han chocado a menudo con las disposiciones de Comunidades autónomas que, como la madrileña o la catalana, apuestan por su desaparición.

De hecho, en Madrid la gran mayoría de Centros de Salud han sido cerrados a la atención presencial durante lo peor de la pandemia, y en muchos casos, clausurados definitivamente.

Un plan de la consejería madrileña correspondiente, elaborado en mayo de 2021, preveía cerrar 41 Centros de Salud con la excusa de la llegada del verano, sin ofrecer fecha de reapertura.

Confinamiento

El avance incontrolado de la primera ola de la pandemia a principios de marzo de 2020 obligó a esta medida extrema, vinculada a la implantación del estado de alarma. Fue tomada con carácter de urgencia por la práctica totalidad de los gobiernos europeos y de muchos otros países, con objeto de paralizar la actividad pública no imprescindible, al ordenar que la población permaneciera en sus domicilios y se mantuvieran en funcionamiento únicamente los servicios esenciales.

En España se aplicó a partir del 15 de marzo de 2020, y al albur de las sucesivas prórrogas del estado de alarma se prolongó hasta el 21 de junio siguiente, con un total de 98 días de vigencia.

Durante ese tiempo solo funcionaron los servicios considerados básicos: sanitarios, farmacias, transporte y venta de productos alimenticios, policía y fuerzas de seguridad.

Desde el punto de vista de la contención de la pandemia la medida fue un éxito, aunque la vuelta a la actividad casi normal (la llamada *"nueva normalidad"*) y la extensión de la consigna "salvar la temporada veraniega" —(es decir, permitir el funcionamiento del negocio turístico durante los meses del verano de 2020)—, condujeran de modo inexorable a la segunda ola de la pandemia.

Contagio

Modo de extensión de la pandemia. La velocidad de contagio del coronavirus ha ido acelerándose con las sucesivas mutaciones, aunque la gravedad de la enfermedad haya disminuido en parte, gracias a las campañas de vacunación.

En la primera ola, la más mortífera, el virus mostró especial predilección por los colectivos más vulnerables, como los ancianos y los enfermos crónicos. En las olas posteriores ha ido reduciéndose la edad media de los infectados.

En la quinta ola, al alcanzar a colectivos más jóvenes y sanos, pero también más gregarios y menos vacunados, se ha incrementado la transmisión y extensión del virus a nuevos infectados, a partir sobre todo de contagiados asintomáticos, incrementándose paulatinamente la gravedad y mortalidad en esas franjas de edad, que hasta hace poco eran muy bajas.

COVID-19

El origen del virus sigue siendo un misterio, al igual que las causas de su veloz expansión desde un foco inicial bien identificado, en la ciudad china de Wuhan.

Según la versión oficial establecida y aceptada por la OMS el virus comenzó a actuar en octubre de 2019, y habría surgido en el entorno de un mercado de esa población dedicado a la venta de carne de animales salvajes.

Otras versiones difundidas desde EEUU remiten a supuestos experimentos de laboratorio realizados en Wuhan por científicos chinos, quienes tras crear el virus, en algún momento habrían propiciado de modo consciente o inconsciente su expansión mundial.

Una tercera versión, dada por el portavoz oficial del Ministerio de Asuntos Exteriores de China, alude a la celebración en Wuhan de los Juegos Mundiales Militares precisamente en octubre de 2019, y al hecho de que mientras se llevaban a cabo, militares norteamericanos fueron observados en diversos puntos de la ciudad *"en actitudes sospechosas"* (sic).

Militares italianos, franceses y suecos que participaron en ese evento deportivo, refirieron poco después de regresar a sus países síntomas en ellos y en sus familiares, compatibles con la infección por COVID-19.

Dos militares españoles enfermaron con esos síntomas y otros dos padecieron parte de ellos (dificultades respiratorias, fuerte neumonía, "gripe muy fuerte"), según una información del diario *El Mundo* fechada el 8 de mayo de 2020.

La facilidad del virus para mutar y volverse más contagioso ha dificultado —y continúa dificultando— el control de la pandemia. El desarrollo de vacunas ha ayudado enormemente a rebajar su incidencia como factor de mortalidad en los países occidentales —aunque el virus continúa actuando también allí—, pero sigue avanzando en los países subdesarrollados, especialmente en África y América Latina, donde la cifra de población vacunada a fecha de hoy es mínima.

Covidiota

En definición incorporada en 2020 por la Real Academia de la Lengua Española, el covidiota es aquel *"que se niega a cumplir las normas sanitarias dictadas para evitar el contagio de la covid"*.

El covidiota suele ser un negacionista, partidario por tanto de teorías conspiranoicas y anticientíficas, que rechaza la ciencia médica y aboga por *"soluciones alternativas"* a la medicina y la ciencia establecidas.

Suele ser gente con poca formación y sin acceso a información de calidad. A menudo, el covidiota está empachado hasta la saturación con mensajes generados en redes sociales y similares.

Así, no es extraño que la mayoría de covidiotas exhiban su decisión de no vacunarse como una demostración de su independencia de criterio y su capacidad para no ser engañado, cuando es una muestra evidente y precisa de todo lo contrario.

Cuarentena

Las cuarentenas han tenido cierta eficacia como instrumento para evitar el flujo del contagio de un país a otros y viceversa, a pesar de la inconstancia de los Gobiernos al aplicarlas — siempre en períodos demasiado breves de tiempo—, por causa de las presiones ejercidas por los intereses económicos perjudicados por su implantación.

Es el caso de la industria turística española, empeñada en una lucha sin cuartel contra cualquier restricción a la libre circulación de personas (y de virus) que perjudique su negocio. Cualquier medida de control sanitario en aeropuertos, transportes públicos, locales de hostelería, etc., ha sido interpretada por este sector económico como un ataque directo a sus intereses.

La duración de las cuarentenas ha ido acortándose en la mayoría de países al ritmo en que se incrementaban esas presiones (primero fueron de 14 días, después de 10 días, más tarde de solo una semana), especialmente en puertas de temporadas vacacionales.

La imposición de cuarentenas ha afectado claramente a la movilidad entre países, cuestionando avances en ese sentido como el *Espacio Schengen* entre los Estados miembros de la Unión Europea, y ha reforzado las posiciones aislacionistas y nacionalistas.

Desescalada

El concepto *"desescalada"* alude a un conjunto de medidas de carácter político y administrativo, adoptadas por el Gobierno y las Comunidades autónomas durante un período de tiempo transitorio ante el final del estado de alarma, con objeto de retornar a la normalidad a través de la paulatina y controlada reactivación social y económica del país.

Aunque en términos generales la desescalada tras la primera ola funcionó positivamente, las presiones de los intereses económicos la mediatizaron en buena parte y limitaron sus resultados, al acelerarla y hacerla demasiado extensiva.

Finalmente, la desescalada desembocó en la llamada *"nueva normalidad"*, lejos de la recuperación de la normalidad anterior a la pandemia.

Distancia social

Por distancia social se entiende la separación física mínima entre personas, a observar por cada cual en el espacio público y en recintos tanto públicos como privados. Se pretende a través de ella evitar el contagio aéreo que se produce mediante las micropartículas expelidas al respirar.

La regulación de la distancia social ha variado con la evolución de la pandemia, si bien dicha separación entre personas ha estado comúnmente establecida entre metro y medio y dos metros.

Estado de alarma

Situación de grave emergencia en todo el país. Decretado con carácter excepcional por el Gobierno y refrendado por el Congreso de los Diputados.

En España rigió a partir del 15 de marzo de 2020 con motivo de la pandemia de COVID-19. Mediante su declaración se concentraron poderes en el Gobierno, se limitaron los desplazamientos y se obligó al cierre de comercios, industrias y servicios, quedando en funcionamiento solo los servicios esenciales.

Tras ser renovado varias veces con mayorías parlamentarias cada vez más exiguas, fue levantado definitivamente el 21 de junio de 2020.

Posteriormente se aplicó de modo parcial en Madrid, imponiendo el cierre perimetral de nueve municipios madrileños entre el 9 y el 24 de octubre siguientes, como medida gubernamental ante el rebrote descontrolado producido en esa Comunidad autónoma.

IFEMA

Recinto ferial dependiente de la Comunidad y del Ayuntamiento de Madrid, habitualmente usado como lugar de celebración de ferias y congresos.

Dos de sus pabellones, el 7 y el 9, fueron usados por la Comunidad madrileña como improvisado hospital de campaña durante la pandemia, entre el 22 de marzo y el 1 de mayo de 2020. Se realizaron en ellos algunas obras de adecuación con carácter provisional, y en su momento se dijo que quedaban equipados por si fuera necesario su uso posterior. Nunca fue reabierto, a pesar de las nuevas olas de la pandemia.

Según el Gobierno de la Comunidad de Madrid, se atendieron en él unos 4.000 pacientes derivados por los centros hospitalarios de la región, saturados por la pandemia. Hay que destacar que durante ese tiempo permanecieron cerradas plantas enteras en varios hospitales públicos madrileños, según denunció el personal sanitario adscrito a ellos.

El hospital provisional de IFEMA fue una espectacular operación propagandística de la Comunidad de Madrid, cuya contribución real a la lucha contra la pandemia fue muy limitada, al no ser una verdadera instalación hospitalaria.

En una nota del 6 de agosto de 2021, CCOO Sanidad Madrid apuntaba que IFEMA fue un centro que estuvo operativo solo 41 días, con un máximo de 1.150 camas abiertas, y cuyo coste, según datos de la propia Consejería de Salud madrileña, fue de más de 87 millones de euros, a razón por tanto de 2.100.000 euros diarios.

Inmunidad

Cuando se mantiene el estado de buena salud en una persona sin ser contagiado a pesar de sufrir una amenaza infecciosa como el COVID-19, decimos que goza de inmunidad.

La inmunidad es pues el resultado de la actuación de las defensas presentes en el organismo de la persona atacada, cuando esas defensas son capaces de evitar el contagio.

La inmunidad se puede adquirir de modo natural o por inoculación de una vacuna.

En la "nueva normalidad" se ha hablado mucho del umbral a alcanzar para conseguir la inmunidad colectiva, cifrándose por parte de los científicos en la vacunación completa del 70% de la población, objetivo cuyo alcance el Gobierno español ha fijado para finales del verano de 2021.

Como detalle anecdótico, hay que mencionar la obsesión de la derecha política y mediática española por referirse a la inmunidad de "rebaño" a fin de evitar el término "colectiva" —que ellos asocian a izquierdismo—, prefiriendo usar (una vez más) la traducción literal de una expresión del inglés norteamericano, que en este caso asimila a personas con ganado.

Tampoco es correcta la expresión "inmunidad de grupo", pues parece referirse a una parte —un grupo determinado— y no a todo el colectivo, es decir a la totalidad de la ciudadanía, que es a quien se pretende inmunizar.

Gel hidroalcohólico

Mezcla de alcohol y jabón líquido utilizado como lavamanos, cuyo uso recomendaron intensamente las autoridades a partir de la primera ola de la pandemia, junto con las mascarillas y la distancia social.

Entonces se creía que una de las vías principales de contagio podía darse a través del contacto de las manos con superficies, objetos, picaportes, etc., y también al tocar las manos de otras personas (por lo que rápidamente desapareció el tradicional saludo consistente en estrecharlas).

La gran demanda de gel hidroalcohólico hizo desaparecer el alcohol sanitario de los comercios habituales donde suele expedirse. En las primeras semanas de la pandemia la venta de gel hidroalcohólico se convirtió en un gran negocio para muchas farmacias, que lo expedían en botecitos de algunos centilitros a precios desorbitados.

Con el tiempo su uso fue decayendo, y el mercado terminó por ajustar precios a la baja ante la progresiva reducción de la demanda doméstica, si bien siguió usándose en comercios, centros de trabajo y de ocio, y en general en toda clase de locales cerrados.

Jueces

España es probablemente el único país del mundo civilizado en el que las leyes no se aplican: se interpretan. Y la competencia exclusiva de su interpretación corresponde a los jueces.

La intrincada maraña de organismos existentes en el ordenamiento jurídico español, desde los niveles de base —caso de los tribunales locales y territoriales—, hasta los Tribunales Superiores de Justicia autonómicos —en número de 17—, más las distintas instancias superiores de nivel estatal —Audiencia Nacional, Tribunal Supremo, Tribunal Constitucional— y los especializados —como las magistraturas de Trabajo, Violencia de Género y otros—, convierten la administración de justicia en una especie de carrera de obstáculos para quien pide justicia o ha de recibirla.

Una carrera donde tras cada valla se ha de saltar otra más elevada, dilatando así los procedimientos y complicándolos a medida que llegan a las manos de nuevas instancias judiciales superiores.

Sucede además que cada juez español suele tener su criterio —a menudo más ideológico y político que jurídico, y en ningún caso sanitario, dada su absoluta falta de formación en esa materia—, y así por ejemplo el Tribunal Superior de Justicia (TSJ) de Aragón denegó la implantación del toque de queda en esa Comunidad solicitada por el Gobierno regional aragonés a finales de julio de 2021, en tanto que el TSJ de Navarra, Comunidad lindante con Aragón, aprobaba unas horas después esa misma medida para el territorio navarro; unos días más tarde, el TSJ de Catalunya aprobaba el toque de queda para una parte de los municipios de la Comunidad catalana, pero no para otros; mientras, el Gobierno autónomo valenciano *negociaba* (sic) con su correspondiente TSJ la implantación del toque de queda en su territorio.

La disparidad de resoluciones judiciales sobre un mismo asunto en diferentes territorios del Estado español durante la pandemia ha sido una constante, y resulta más rechazable todavía si se tiene en cuenta que se ha estado entorpeciendo la defensa de la salud y la vida de los españoles, amenazados por una pandemia que ha matado a 100.000 personas en nuestro país y a 4.000.000 en todo el mundo.

La guinda a los despropósitos judiciales la colocó el Tribunal Constitucional el 13 de julio de 2021, al emitir sentencia (por seis votos contra cinco) declarando "inconstitucional", y por tanto "ilegal", el confinamiento domiciliario ordenado en marzo de 2020 por el Gobierno español, medida tomada en el marco del estado de alarma decretado por el Ejecutivo y refrendado en su día por el órgano de la soberanía popular, el Congreso de los Diputados.

La resolución del Constitucional fue apenas un brindis al sol, sin más efecto que proporcionar una breve alegría política a los partidos de la derecha radical y la extrema derecha, PP y Vox.

Libertad

Según los políticos de la derecha radical española, la vieja libertad se ha transmutado durante la pandemia en el derecho presuntamente constitucional a beber cerveza en rebaño a todas horas en las terrazas de los bares, y a acceder sin limitaciones a grandes superficies comerciales, iglesias, campos de fútbol y discotecas.

En suma, la libertad sería el derecho a contagiar el coronavirus a todo aquel que tenga la desgracia de cruzarse en el camino de los discípulos de estos apóstoles de la violación del espacio urbano, del sentido común y de la salud pública.

"Libertad" reclamaban a gritos los "cayetanos" en sus manifestaciones en el barrio de Salamanca en la primavera de 2020. Y "libertad" fue el lema que enarboló Isabel Díaz Ayuso durante la obscena campaña electoral del PP previa a las elecciones autonómicas madrileñas, celebradas el 4 de mayo de 2021.

Que la libertad, acaso el más hermoso concepto creado por la Humanidad, fuera usada por una política de extrema derecha como banderín de enganche de su campaña electoral, refiriéndose con ella a la libertad de abrir bares y comercios y no a la capacidad humana de elegir de modo responsable, es una muestra palmaria de la degradación a la que ha llegado cierta manera de entender y hacer política en este país.

Y que miles de ciudadanos, entre ellos muchos jóvenes, la votaran convencidos de que la libertad habita en el fondo de una jarra de cerveza bebida en una terraza de bar, ejemplifica de modo irrefutable el lamentable grado de alienación social y cultural alcanzado por esta sociedad.

Mascarilla

Medida de protección básica frente al contagio por COVID, asociada al uso del gel hidroalcóholico y la distancia social.

En las primeras semanas de la pandemia su uso fue muy discutido al ser considerado poco útil, y las propias autoridades no lo exigieron hasta que se pudo disponer de un stock razonable. A partir de ahí se entró en una batalla mediática acerca de la eficacia de los diferentes tipos de mascarilla, siendo finalmente la mascarilla quirúrgica la más utilizada popularmente a lo largo de la pandemia, al parecer por estrictas razones de comodidad y precio.

Aunque no ha habido nunca un consenso amplio sobre el grado de eficacia de las mascarillas en la evitación del contagio, sí parecen haber tenido un cierto papel en la protección individual, que se les ha ido reconociendo con el tiempo. Su uso en espacios interiores y en aglomeraciones humanas es unánimemente recomendado por virólogos y personal médico en general, y exigido por la casi totalidad de gobiernos europeos.

En julio de 2021, en España y otros países europeos se autorizó prescindir de las mascarillas en espacios públicos abiertos. La experiencia, nada positiva, coincidió con la quinta ola de contagio en España y con rebrotes importantes en otros países, como Gran Bretaña. En Francia su uso ha sido muy contestado por sectores sociales enfrentados a las medidas gubernamentales contra el contagio.

Negacionismo

El negacionismo de la pandemia conforma un caótico, multiforme, complejo y abigarrado movimiento carente de líderes, de programa y de objetivos, pero no por ello resulta menos peligroso.

La inspiración política del negacionismo, en los países europeos y sobre todo en Francia, proviene de la extrema derecha, siempre interesada en crear el caos social como caldo de cultivo en el que sembrar más fácilmente su ponzoña. Esto es todavía más evidente en EEUU, donde el *trumpismo* ha encontrado en el negacionismo una fuente al parecer inagotable de energía popular, al tiempo que dotaba a ese movimiento de respetabilidad política e institucional.

En el conglomerado negacionista participa también cierta "izquierda radical" en su viaje sin retorno hacia la fascistización —el fenómeno de convergencia entre extremistas de polos aparentemente opuestos es detectable en Francia desde hace años, y en menor medida en Italia y en España—, aportando tácticas de confrontación callejera, y sobre todo, un discurso pretendidamente reivindicativo, que apenas logra enmascarar el recurso a la violencia y a la bronca en la calle como forma de acceso a los medios audiovisuales, verdadera obsesión para ellos y objetivo final de la mayoría de sus posicionamientos y acciones.

Pero junto a los motivados políticamente, en las movilizaciones negacionistas suele formar un cortejo más o menos amplio integrado por iluminados y sectarios de todas las sectas, fanáticos ultrarreligiosos, creacionistas, terraplanistas, curanderos, magos y cazadores de ovnis, además de ácratas de salón burgués y otros diletantes del postureo y el esnobismo, incluido un buen puñado de personajes públicos en el declive de sus carreras (actores, cantantes, ex políticos...) que usan el negacionismo para intentar reverdecer protagonismos.

Esa masa chusca de botarates adictos a las más enloquecidas paranoias anticientíficas y a las teorías de la conspiración, constituye el ejército difusor que capilariza los disparates negacionistas en las redes sociales, replicados hasta el infinito en esas mismas redes por sus seguidores y admiradores.

Nueva normalidad

Concepto con reminiscencias postmodernas y un tanto orwellianas, que se pretendía descriptivo de la recuperación de la vida ciudadana tras el presunto final de la pandemia en el verano de 2020, luego de superar la primera ola y haber completado la subsiguiente desescalada.

Finalmente, la "nueva normalidad" resultó ser un *mix* entre la normalidad anterior a la pandemia y la confirmación de que el coronavirus continuaba entre nosotros produciendo rebrotes inopinados, situación que tras la consigna "salvar la temporada de verano" se convirtió en la segunda ola de la pandemia.

En la nueva normalidad y según la Comunidad autónoma de residencia, era posible hacer cosas diferentes, que a la postre determinaban estilos de vida distintos para sus ciudadanos: por ejemplo, en unas Comunidades se podía asistir con algunas limitaciones al cine y al teatro, mientras en otras permanecían cerrados esos locales; en unas regiones abrían los interiores de bares y cafeterías, pero permanecían cerrados los museos y las bibliotecas, que sin embargo abrían en la región de al lado.

Alguna Comunidad incluso "experimentó" con conciertos de música masivos que reunían a miles de jóvenes sin imponer restricciones, para horror de virólogos, médicos y científicos en general ante las previsibles consecuencias.

Ocio nocturno

El negocio de la noche —eufemísticamente agrupado bajo la etiqueta "ocio nocturno"— ha sido el sector económico más combativo y exitoso, junto con los bares, en su lucha contra cualquier clase de restricciones que afectara a su funcionamiento, fuera parcial o a pleno rendimiento.

Este importante sector económico —por el volumen de beneficios que genera a sus propietarios— no solo ha promovido movilizaciones en defensa de sus intereses sectoriales, sino que, asociado a los bares y la genérica "hostelería", ha conseguido inocular en la opinión pública la idea de que su funcionamiento sin trabas es el mejor indicativo del grado de libertad existente en el país.

Se trata, evidentemente, de una idea torticera y manipuladora, pero que ha conseguido calar sobre todo entre los jóvenes en muy poco tiempo, por lo que ha sido usada y explotada con gran éxito político por la derecha más radical en Madrid y en otras partes.

La mayoría de Comunidades autónomas resistieron mientras pudieron las presiones de las patronales y *lobbys* del negocio de la noche —otras, como la Comunidad madrileña, se pusieron inmediatamente a su servicio—, intentando mantener el cierre de esos locales durante el mayor tiempo posible. O una vez abiertos, imponiéndoles fuertes restricciones dada su condición de focos extremos de contagio por coronavirus, como se ha demostrado reiteradamente y no solo en España: durante la primera ola fue muy comentado el caso del joven surcoreano que en una sola noche infectó a centenares de personas en Seúl luego de recorrer varias discotecas, desencadenando un brote muy intenso en un país que aparentemente había superado la pandemia.

Varias Comunidades autónomas permitieron que las discotecas de su región pudieran abrir en horario de tarde y noche como si fueran bares o restaurantes, habilitando para ello la concesión de licencias exprés.

Una de las disposiciones autonómicas más curiosas durante la llamada nueva normalidad era la que permitía acceder al interior de las discotecas y consumir alcohol, pero prohibía bailar en la pista.

Ola de contagios

Las sucesivas olas de contagio de COVID —en España, hasta el momento presente, se contabilizan cinco—, están vinculadas en todos los casos salvo en la primera de ellas, a la aparición, multiplicación y expansión de brotes de la epidemia provocados por la relajación de las medidas restrictivas.

Una vez finalizado el estado de alarma en junio de 2020, la desaparición del Mando único sanitario instaurado por el Gobierno español comportó, en la práctica, el traspaso a las Comunidades autónomas de la responsabilidad de implantar, graduar y levantar medidas restrictivas para el control de la pandemia.

El resultado de la gestión regionalizada de la crisis sanitaria ha sido desastroso y mortífero. La práctica totalidad de los Gobiernos autonómicos se ha conducido en este asunto con absoluta sumisión a los intereses económicos locales, el objetivo central de los cuales ha sido recuperar la normalidad plena de la actividad económica por encima de cualquier otra consideración.

En consecuencia, cada vez que se han mermado o levantado las medidas restrictivas que los científicos y la racionalidad avalaban, se ha generado de modo inmediato una nueva ola de contagios que ha dejado tras de sí un reguero de muertos.

Solo el gran éxito de la campaña de vacunación masiva de la población —ejecutada por los servicios sanitarios de las autonomías, pero organizada y centralizada en dirección y logística por el Ministerio de Sanidad—, ha librado al país de una catástrofe sanitaria sin precedentes.

Organización Mundial de la Salud (OMS)

La OMS tuvo un papel destacado en los inicios de la expansión del COVID como avisador de lo que se venía encima. En un primer momento, muchos Gobiernos no hicieron caso de sus advertencias y alguno incluso, caso de la Administración Trump, intentó culpabilizarla de la pandemia, al pretender hacerla "cómplice" de su difusión por supuestamente "encubrir" a China (un mensaje que ha calado hondo en la extrema derecha europea y el negacionismo conspiranoico).

Sin embargo, la OMS y sus directivos jugaron un papel crucial en esos meses de 2020 en los que el mundo daba palos de ciego, intentando saber qué estaba pasando y cómo atajar el desastre. A medida que los Gobiernos tomaron cartas en el asunto y comenzaron a buscar soluciones —desde la implantación de estados de alarma al impulso a la creación de vacunas—, el protagonismo de la OMS fue disminuyendo progresivamente.

En los últimos meses, la OMS ha mostrado repetidamente su preocupación por la escasa llegada de vacunas a los países más pobres (en África, solo el 5% de la población ha recibido hasta ahora al menos una dosis de la vacuna), alertando de que el esfuerzo hecho por los países occidentales y asiáticos para vacunar a sus poblaciones no servirá de nada si la inmunización contra el coronavirus pandémico no alcanza a la totalidad del planeta, pues la población no vacunada será en un futuro próximo el origen de mutaciones del virus que darán lugar a brotes ante los cuales las vacunas actuales carecerán de eficacia.

Pandemia

La característica principal de toda pandemia es su carácter de epidemia infecciosa global, independientemente del número de personas afectadas por ella, de si es o no fácilmente transmisible (grado de contagio) y de la mortalidad que produzca.

La Humanidad ha sufrido pandemias desde la aparición de los primeros homínidos, hace más de un millón de años. De hecho, se especula con que el motivo principal de la supuesta extinción de los neandertales fuera alguna forma de pandemia que les afectara tras contagiarse con virus adquiridos al contactar con homo sapiens.

En los últimos siglos, las pandemias parecen haber comenzado a producirse de forma cíclica, sucediéndose unas a otras en lapsos de tiempo cada vez más breves. Tal vez influyan en ello factores como el cambio climático y la contaminación creciente del aire, la tierra y las aguas, responsabilidad en última instancia de los propios seres humanos. Las mutaciones en las especies animales y vegetales producidas por esas causas o por la acción directa del hombre, parecen contribuir también a la aparición de nuevas infecciones susceptibles de convertirse primero en epidemias y después en pandemias.

Durante la presente pandemia de COVID-19 se ha relacionado la aparición del nuevo virus con el consumo de carne de animales salvajes, algo tradicional en China y otros países asiáticos. Es posible que murciélagos y pangolines hayan actuado como vehículos transmisores del virus a los humanos, al modo en que se atribuyó a ciertos monos de África Central ese mismo rol en relación con el sida, consecuencia del virus VIH. Otras teorías apuntan a la creación ex profesa del virus en laboratorios, como experimento científico o como arma de guerra biológica.

En cualquier caso y sea cual sea su origen, según los científicos estamos ante un virus que probablemente ha venido para quedarse durante mucho tiempo, quizá cronificado al modo en que lo está el de la gripe. Y para los próximos años, pronostican la aparición de nuevos virus en ritmos cíclicos muy cortos.

Prueba PCR

La PCR (según sus siglas en inglés) es la prueba de referencia para detectar la presencia del virus COVID-19.

Esta metodología consiste en la purificación del material genético del virus a partir de la muestra tomada al paciente y su posterior detección. Este tipo de análisis se realiza en laboratorios de diagnóstico de alta complejidad, que cuentan con infraestructura y equipamiento requerido para la realización de técnicas de biología molecular.

Si bien la prueba tiene una alta sensibilidad y especificidad, el procesamiento de las muestras y en consecuencia la emisión del resultado puede tardar varias horas.

La PCR puede arrojar un positivo durante varias semanas después de la primera infección, ya que detecta la presencia de material genético del virus incluso cuando este ya no es viable, el paciente ha superado la infección y ya no sea contagioso.

La prueba de antígenos (RAT, por sus siglas en inglés) detecta el virus a través de algunas proteínas de su cubierta. Es más rápida y barata que la PCR, pero mucho menos fiable.

Sanidad pública (Sistema Nacional de Salud)

El mantenimiento de la salud pública y la prestación de los servicios sanitarios que requiere son responsabilidad de los poderes públicos, y por tanto compete al Estado español su mantenimiento y sostenimiento a través del Sistema Nacional de Salud.

Desde 1989 la asistencia sanitaria en España es universal, y su prestación tiene carácter gratuito en territorio español para todos sus ciudadanos y los residentes de otros países de la Unión Europa y del Espacio Económico Europeo (en este caso, con la exclusión de quienes perciban ingresos superiores a los 100.000 euros).

En España, la estructura del Estado basada en la descentralización política y administrativa (Estado de las Autonomías), ha transferido las competencias sanitarias a cada una de las Comunidades Autónomas. El Ministerio de Sanidad se reserva las labores de coordinación general y bilateral con las diversas Comunidades autónomas, además de orientar las políticas de salud con carácter general.

El sistema ofrece ventajas, y también inconvenientes. El más grave, la dificultad para ser atendido sanitariamente fuera de la Comunidad autónoma de residencia; en caso de urgencia no suele haber problema, pero es prácticamente imposible ser atendido en consulta ordinaria fuera de tu región.

La gestión de los recursos económicos y humanos varía grandemente de una Comunidad a otra. Según la ideología de los gobernantes en cada autonomía, el sistema público de salud regional puede llegar a ser prácticamente privatizado (así se intentó en Catalunya y Madrid, con la excusa de la famosa crisis económica iniciada en 2008), mientras que en otras se ha ido reforzando el carácter público de los servicios sanitarios prestados.

La llegada de la pandemia en la primavera de 2020 ha mostrado de manera palmaria los rotos y descosidos de un sistema de salud que es todo menos "nacional", entendido este término en el sentido de que sus servicios tengan verdadero ámbito estatal. Troceado en diecisiete mini servicios regionales de salud, uno por cada Comunidad Autónoma, el Sistema Público de Salud español adolece de la falta de criterios comunes de actuación y hasta de iguales o parecidos modos de gestionar el mismo tipo de servicios.

La mayoría de los servicios sanitarios, empero, funcionan con eficiencia indudable gracias al esfuerzo de los profesionales sanitarios, en general mal pagados, ubicados en puestos de trabajo temporales y sometidos a toda clase de presiones laborales y restricciones presupuestarias, cuando no a agresivas políticas privatizadoras.

En consecuencia, miles de médicos y enfermeras españolas con buena formación y alta cualificación profesional han emigrado a países extranjeros estos últimos años, ante las nulas perspectivas profesionales, laborales y humanas que les ofrece una sanidad atomizada más que regionalizada, a menudo gestionada por políticos y burócratas neoliberales entre los que abundan los casos de corrupción en colusión con la industria de la sanidad privada.

Al esfuerzo de combatir un virus nuevo del cual se desconocía todo, hubo que sumar por tanto la recomposición sobre la marcha de diecisiete aparatos sanitarios regionales muy tocados. En ese sentido, es evidente que solo la acción del Mando único impuesto por el Ministerio de Sanidad en el marco del estado de alarma decretado por el Gobierno, salvó a la sanidad española de un colapso que en marzo y abril de 2020 parecía que iba a producirse en cualquier momento.

Lamentablemente, con la "nueva normalidad" y el retorno de competencias a las Comunidades autónomas, la mayoría de estas han vuelto a la senda por la que discurrían al inicio de la pandemia, con los resultados que son visibles en forma de sucesivas olas de contagio.

Terrazas

La terraza, entendida como una extensión del bar privatizadora de una parte del espacio público, es una aportación a la cultura del caos urbanístico netamente española, que gracias al contagio del turismo de masas se ha extendido en metástasis por toda Europa.

La función primordial de la terraza es al parecer, favorecer el consumo de bebidas en un entorno más abierto y relajado que el que ofrece el interior del bar. Obviamente la terraza es un negocio lícito, o al menos legal, aunque curiosamente la mayoría de ordenanzas municipales prohíben el consumo de bebidas de toda clase, y desde luego de las alcohólicas, en el espacio público. Sin embargo, si el propietario de un bar paga anualmente la correspondiente licencia al ayuntamiento, queda autorizado por este a plantar sus mesas y sillas en la acera (o directamente en un carril de la calzada, como sucede en Barcelona desde 2020).

En los últimos tiempos la terraza se ha convertido en el símbolo español de la lucha por la libertad, ante las restricciones sugeridas por los científicos e impuestas por los políticos. En las terrazas y desde los primeros momentos de la pandemia, las mascarillas decayeron sin remedio ante la irrefutable argumentación de que es imposible beber cerveza o fumar mientras se tapa uno la nariz y la boca con una mascarilla.

La limitación cambiante del número máximo de personas permitido en los grupos sentados en las terrazas, ha sido otro juego del gato y el ratón entre las disposiciones de las autoridades y la práctica real no solo de jóvenes y adolescentes. El cambio continuo del número de personas que podían sentarse en torno a una misma mesa —4, 6, 10, otra vez 4, etc.—, según sea la intensidad de los contagios en cada momento, y la variación de ese número de una a otra Comunidad autónoma, generó pronto el descrédito y el pasotismo hacia una norma que evidentemente, y como las restantes, se incumplía continuamente en las famosas terrazas.

Todo esto no tendría mayor importancia si no fuera porque esos lugares, las terrazas, solo han sido superadas como foco de contagio por el interior de los bares. Y no solo en lo que hace a la difusión del virus dentro de una misma localidad. A Madrid, sin ir más lejos, llegaron hace unos meses verdaderas peregrinaciones en rebaño de jóvenes franceses y otros europeos, ansiosos por catar la "libertad madrileña" que se vivía en las terrazas de la Villa y Corte, en contraposición con sus "represivos" países, donde la hostelería permanecía cerrada a cal y canto por orden gubernamental; con ese turismo de oportunidad viajaba el COVID en ida y vuelta, trayendo y llevando la enfermedad y la muerte.

Toque de queda

Se entiende por tal la restricción o prohibición establecida por las autoridades, a fin de impedir la libre circulación de personas y su permanencia en establecimientos de pública concurrencia, durante las horas que se determine y por un período de tiempo variable y asimismo fijado gubernativamente.

Se trata de una medida que en democracia solo se adopta para hacer frente a situaciones excepcionales, de modo temporal y bajo control parlamentario, en el marco de la declaración de estados de alarma o de excepción.

Durante la pandemia, la práctica totalidad de los Estados europeos aplicaron en un momento u otro el toque de queda. En España, el presidente del Gobierno, Pedro Sánchez, anunció el 14 de marzo de 2020 la declaración de un toque de queda de 24 horas al día a partir de las 00:00 horas del domingo 15 de marzo, con motivo de la crisis sanitaria derivada de la pandemia de COVID-19 que azotaba el país.

Durante la vigencia de dicho toque de queda, quedó totalmente prohibida la circulación por la vía pública salvo excepciones muy concretas que debían ser documentadas, como el abastecimiento de productos de primera necesidad o el cumplimiento de obligaciones laborales en sectores esenciales.

Esta situación restrictiva de un derecho fundamental se mantuvo en vigor hasta el 26 de abril para los menores de 14 años, y hasta el 2 de mayo para mayores de esa edad. A partir de ese momento, el toque de queda pasó a regir durante 17 horas al día para menores de 65 años, y durante 21 horas al día para mayores de esa edad, siguiendo una tabla de horarios publicada por el Gobierno.

A partir del 26 de octubre de 2020 y hasta el 7 de mayo de 2021 se mantuvo vigente en España un toque de queda nocturno entre las 23:00 horas y las 6:00 horas, amparado por el estado de alarma aprobado tras la segunda ola de la crisis del COVID-19.

Turismo

España recibió en 2019 un total de 87'5 millones de turistas extranjeros, cifra que casi doblaba la población del país (ese año rozó los 47 millones de habitantes). En el mismo año 2019, el turismo representó el 12'5% del PIB español, en un país dotado con una estructura económica endeble en la que predominan empresas de tamaño mínimo y escaso capital, y que cuenta con un mercado de trabajo en el que hasta la reforma laboral de 2022 tenían cada vez más peso la temporalidad, la contratación estacional y los bajos salarios.

En ese contexto, el turismo y las industrias asociadas a él en el sector servicios —caso de la famosa hostelería y el no menos famoso "ocio nocturno"— han adquirido un peso desproporcionado, que yugula cualquier posibilidad de desarrollo de otros sectores económicos, al absorber la mayoría de recursos y fuerza de trabajo disponibles.

Es fácil deducir pues que la pandemia, con el consiguiente cierre de fronteras al que ha obligado en sus momentos álgidos, ha afectado gravemente al sector turístico en todo el mundo, al impedir o limitar fuertemente los desplazamientos entre países. Y que, por consiguiente, haya resultado especialmente dañado el negocio del turismo con destino a España. En consecuencia, la economía española se ha desplomado en 2020 con mayor intensidad que en países de su entorno que cuentan también con una gran industria turística (caso de Francia, Italia o el mismo Portugal), pero cuya estructura económica los hace menos dependientes de ella.

En los meses previos al verano de 2020, una fuerte campaña mediática y política lanzó la consigna "salvar la temporada turística de verano", favoreciendo la llegada de turistas extranjeros, aunque fuera al precio de rebajar controles y restricciones de toda clase —lo que indefectiblemente terminó por desencadenar una nueva ola de COVID en España, la segunda—, a fin de recuperar el país como destino turístico internacional, especialmente de británicos y alemanes.

Paralelamente a esos esfuerzos político-empresariales realizados entre abril y junio de 2020, en plena desescalada y aterrizaje en la "nueva normalidad", y en tanto las patronales turísticas regionales espoleaban a los gobiernos de las Comunidades autónomas con el señuelo de recuperar la economía local lo más rápidamente posible, desde publicaciones científicas e instituciones de prestigio, como *The Lancet* y el Imperial College de Londres, científicos de referencia en la comunidad internacional alertaban de *"un posible rebrote en otoño"* de ese año, e incluso señalaban directamente que *"una segunda oleada de casos podría darse en el hemisferio norte a mediados de verano si se precipitan las medidas de relajamiento"*, como efectivamente sucedió.

Posteriores intentos de "salvar la Navidad" de 2020 y la Semana Santa de 2021 obtuvieron el mismo premio: rebrotes de mayor o menor intensidad por todo el país, que finalmente acabaron agrupándose en nuevas olas de la pandemia.

A la vista de los nuevos cierres de fronteras y la instauración de cuarentenas, pasaportes de vacunación, etc., puede decirse que la estrategia de reabrir el turismo internacional fracasó también en el aspecto económico. Pero, sobre todo, ha producido nuevas olas de contagio y, por ende, nuevas muertes.

El verdadero turista internacional en 2020 y 2021 ha sido, y en buena parte lo sigue siendo en 2022, el COVID-19.

Unidad de Cuidados Intensivos (UCI)

Durante la pandemia de COVID-19, las UCIS han sido la última trinchera en la lucha por defender las vidas de los contagiados. El esfuerzo denodado hecho por los profesionales de la sanidad que las atienden —a menudo con grave escasez de recursos humanos y materiales, sobre todo en los primeros meses de la pandemia, y también con riesgo evidente para sus propias vidas—, pone aún más de relieve la contribución imprescindible realizada por estas personas, que se han hecho acreedoras del mayor homenaje ciudadano.

En los primeros meses de 2020 se produjo una saturación de las UCIS ante la afluencia masiva a los hospitales de contagiados con insuficiencia respiratoria y neumonías, pacientes que requerían de monitorización y respiradores para garantizar la ventilación mecánica, entre otras patologías internas a atender. Muchos sistemas sanitarios se vieron desbordados por esta situación, y vivieron al borde del colapso hasta que remitió la primera ola.

Una de las consecuencias más dramáticas de la priorización de la lucha contra la pandemia ha sido el haber tenido que relegar a pacientes crónicos de otras enfermedades, y la suspensión de la atención ambulatoria y de seguimiento directo de pacientes en los casos de enfermedades cronificadas como diabetes, cáncer, cardiovasculares etc., atención que los hospitales suelen prestar de modo presencial.

Vacuna

A las pocas semanas de que la OMS declarase la pandemia por COVID-19 ya se hablaba en los medios de comunicación de que se dispondría de vacunas antes de que acabara 2020.

En abril de 2020 ninguna vacuna había completado la primera fase de ensayos clínicos, pero había docenas de proyectos en marcha. La industria farmacéutica occidental se lanzó a tumba abierta a una carrera en la que también participaron directamente países como Rusia (con su Sputnik V) y China (Sinovac). Los laboratorios farmacéuticos europeos y norteamericanos se beneficiaron de cuantiosas inversiones públicas en investigación privada aportadas por los Gobiernos occidentales, y por substanciosos precontratos que garantizaban el suministro de las vacunas a esos países una vez estuvieran disponibles.

En julio de ese año, los chinos habían comenzado a ensayar su vacuna en seres humanos. Para entonces quedaban en competición dos docenas de proyectos de potenciales vacunas, aunque ni la mitad de ellos llegaron a los ensayos clínicos avanzados.

Ese mismo mes de julio, los servicios secretos de Reino Unido, Estados Unidos y Canadá anunciaron que se habían producido intentos de robar los desarrollos de vacunas para el COVID-19, en ataques informáticos contra laboratorios farmacéuticos y otras instituciones médicas en países occidentales. Según esos servicios, tras el ataque informático estarían piratas rusos organizados y dirigidos por su Gobierno, aunque las autoridades rusas negaron su relación con los hechos.

En agosto siguiente, Putin hizo público que Rusia registraba la primera vacuna en el mundo contra la COVID-19.

En noviembre, la empresa farmacéutica estadounidense Pfizer, anunció que la vacuna candidata contra la COVID-19 que estaba preparando en asociación con la empresa de biotecnología alemana BioNTech, era un 90% efectiva. Esta noticia provocó una sacudida en los mercados bursátiles mundiales. El 17 de noviembre, la empresa estadounidense de biotecnología Moderna anunció a su vez que su vacuna es un 94% eficaz.

Una vez aprobada la vacuna Pfizer-BioNTech, la empresa informó de que a finales de 2020 dispondría ya de 50 millones de dosis de su vacuna, y que a mediados de 2021 serían 1.300 millones las dosis que lanzaría al mercado. Sus competidoras hicieron promesas similares.

En las primeras semanas de 2021 comenzaron a estar disponibles vacunas de Pfizer-BioNTech, AstraZeneca, Moderna y Janssen, comenzando entonces una gigantesca campaña de vacunación de alcance teóricamente mundial, pero en la que desde el primer momento tomaron claramente la delantera los países occidentales y algunos asiáticos, como China. África, Latinoamérica y gran parte de Asia quedaron muy rezagadas.

Al tiempo que se desarrollaban las campañas de vacunación ha ido creciendo un movimiento antivacunas ligado al negacionismo, las diversas conspiranoias y otros movimientos políticos y sociales similares, que difunden bulos sobre los efectos secundarios de las vacunas e incluso sobre el origen y el contenido real de estas.

Así, por ejemplo, el rector de la Universidad Católica de Murcia, José Luis Mendoza, llegó a declarar en público que la vacuna inocula un chip mediante el cual los gobiernos controlarán las mentes de los vacunados. El arzobispo de Valencia, Antonio Cañizares, aseveró en una homilía que las vacunas están fabricadas con fetos humanos, y que su desarrollo ha sido obra del diablo. Otros portavoces antivacunas y negacionistas de la pandemia, como el cantante Miguel Bosé, niegan las muertes producidas por COVID-19 y afirman que, en realidad, los muertos lo son por causa de las vacunas, y que todo responde a un macabro plan mundial que en España encabeza el Gobierno Sánchez.

El rechazo a las vacunas en Europa oscila entre el 10 y el 15% de la población (en España es muy inferior, entre el 5% y el 10%), aunque en 2021 los negacionistas y antivacunas se dejaron ver organizando marchas cada vez más violentas en diversas ciudades europeas.

Se calcula que a finales de agosto de 2021 en España se había vacunado con la pauta completa (dos dosis) al 70% de la población, umbral de la inmunidad colectiva. En diciembre debería estar vacunada la totalidad de la población.

En 2022 se vacunó a los colectivos más vulnerables con una tercera y una cuarta dosis de refuerzo.

Virólogos

Uno de los pocos efectos positivos de esta pandemia, ha sido el descubrimiento por el gran público español del enorme caudal de talento que ha dado el país en una amplia serie de disciplinas médicas y biológicas, relacionadas con la lucha contra este tipo de enfermedades. Hombres y mujeres, jóvenes y de edad, se han asomado a nuestras casas a través de la televisión, la radio y la prensa escrita desde sus lugares de trabajo en hospitales y centros de investigación, muchos de ellos situados en países extranjeros lamentablemente, dando pruebas de una enorme calidad profesional y humana.

Si algo ha dejado claro la pandemia es que España no puede seguir permitiéndose el lujo de desperdiciar las mentes y el trabajo de estas personas, que deberían estar al servicio directo de nuestra comunidad, y no lejos de nosotros, como sucede ahora. Demasiado a menudo, se les obliga a marchar al extranjero para buscar los medios y el empleo honorable que aquí se les niega.

Zendal

El llamado Hospital de Emergencias Enfermera Isabel Zendal es un centro sanitario construido con motivo de la pandemia de COVID-19, situado en el barrio de Valdebebas, en las afueras de Madrid. El hospital fue inaugurado por la presidenta de la Comunidad de Madrid, Isabel Díaz Ayuso, el 1 de diciembre de 2020, aunque las obras no estaban terminadas y prácticamente carecía de equipamiento sanitario y de personal adscrito.

De hecho, la Consejería de Sanidad de Madrid trasladó de modo forzoso a personal médico, de enfermería y administrativo desde los hospitales donde prestaban servicio al Zendal a fin de dotarlo de recursos humanos, según denunciaron los sindicatos del sector. Los primeros pacientes fueron asimismo llevados en traslados forzosos desde los hospitales madrileños donde estaban internados.

En su edificación participaron las empresas del conocido constructor Florentino Pérez, y otras asimismo estrechamente ligadas a la Comunidad de Madrid y sus contrataciones de obra pública. Todavía no se ha conseguido establecer su coste real. En diciembre de 2020, la SER informaba de que por entonces el gasto real autorizado era de 135 millones de euros, cifra que triplicaba el presupuesto inicial aprobado seis meses antes.

Respecto a la contratación de los servicios esenciales del hospital, esta se ha venido realizando por la vía de urgencia y sin concurso público, es decir "a dedo". A través de este procedimiento se han adjudicado contratos de mantenimiento (por 1,3 millones a Ferrovial), informática (a El Corte Inglés), telefonía (a Telefónica), seguridad (a Ariete Seguridad, empresa propiedad de la familia de la exconcejala del PP Silvia Cruz Martín), limpieza, lavandería, gestión de residuos, alimentación y calzado sanitario, entre otros.

El Zendal es una instalación que solo presta servicio a pacientes con COVID-19, y por tanto carece de quirófanos y de los servicios habituales en cualquier otro hospital.

IMÁGENES
Y DOCUMENTOS

CERRAMOS POR
MOTIVOS DE SALUD
PÚBLICA HASTA
NUEVO AVISO.

#QUEDATE EN CASA.

Los Juegos Mundiales para Militares se celebraron en Wuhan en octubre de 2019, justamente cuando en esa ciudad, origen de la pandemia, se registraban los primeros casos entonces aún no diagnosticados de COVID-19, lo que ha dado pie a toda clase de sospechas y especulaciones *(China Daily)*

Personal sanitario chino posa en un hospital en los inicios de la pandemia *(China Daily)*

中华人民共和国驻肯尼亚共和国大使馆

EMBASSY OF THE PEOPLE'S REPUBLIC OF CHINA IN THE REPUBLIC OF KENYA

PRESS RELEASE ON COMBATING COVID-19 OUTBREAK

(February 28, 2020)

1. Briefing on COVID-19 cases in China

According to China's National Health Commission and the State Council inter-agency task force, the latest development of COVID-19 in China's mainland is as follows:

(1) Feb 27 saw 9 newly confirmed cases excluding Hubei Province.

(2) In Hubei Province, 318 newly confirmed cases were reported, and 3,203 more patients have been cured and discharged from hospitals.

(3) In all provinces excluding Hubei and all cities excluding Wuhan, the numbers of newly confirmed cases both dropped to single digit for the first time.

(4) As of 24:00 on Feb 27 (Beijing Time), 78,824 confirmed cases have been reported, including 36,117 cured cases and 2,788 fatalities.

2. Regarding China Southern Airlines' flights

On Feb. 28, due to the decreasing volume of passenger flow, China Southern Airlines has made necessary adjustments by suspending flights connecting Guangzhou, Changsha and Nairobi until further notice.

The Embassy has contacted the Chinese nationals arriving by the flight on Feb 26 and required them to strictly follow the quarantine instructions. The Embassy has emphasized that random and unexpected visits will be made by the Ministry of Health and the Embassy and all of them should stay wherever they are for at least 14 days.

EMBASSY OF THE PEOPLE'S REPUBLIC OF CHINA IN KENYA

FEBRUARY 28, 2020

La República Popular China realizó un gran esfuerzo para intentar tranquilizar a los gobiernos extranjeros y a la opinión pública internacional sobre lo que estaba sucediendo en el país *(comunicado de prensa de la embajada china en Kenia, emitido el 20 de febrero de 2020)*

Portada de la revista *New Yorker* de marzo de 2020, cuando la OMS ya había declarado la pandemia. En la ilustración, un ciudadano se ve rodeado por un conjunto de fichas de dominó que replican la forma del coronavirus COVID-19 *(New Yorker, 23 de febrero de 2020)*

La OMS editó durante la pandemia un sinfín de instrumentos informativos con consejos e instrucciones para prevenirla y combatirla. Este cartel, destinado a los países americanos de lengua inglesa, estaba dirigido a población mayor de 60 años *(PAHO-OMS)*

LEGISLACIÓN CONSOLIDADA

Real Decreto 463/2020, de 14 de marzo, por el que se declara el estado de alarma para la gestión de la situación de crisis sanitaria ocasionada por el COVID-19.

Ministerio de la Presidencia, Relaciones con las Cortes y Memoria Democrática
«BOE» núm. 67, de 14 de marzo de 2020
Referencia: BOE-A-2020-3692

ÍNDICE

Preámbulo 3

Artículos 3

Artículo 1. Declaración del estado de alarma. 3

Artículo 2. Ámbito territorial. 4

Artículo 3. Duración. 4

Artículo 4. Autoridad competente. 4

Artículo 5. Colaboración con las autoridades competentes delegadas. 5

Artículo 6. Gestión ordinaria de los servicios. 5

Artículo 7. Limitación de la libertad de circulación de las personas. 5

Artículo 8. Requisas temporales y prestaciones personales obligatorias. 6

Artículo 9. Medidas de contención en el ámbito educativo y de la formación. 6

Artículo 10. Medidas de contención en el ámbito de la actividad comercial, equipamientos culturales, establecimientos y actividades recreativas, actividades de hostelería y restauración, y otras adicionales. 6

Artículo 11. Medidas de contención en relación con los lugares de culto y con las ceremonias civiles y religiosas. 7

Artículo 12. Medidas dirigidas a reforzar el Sistema Nacional de Salud en todo el territorio nacional. . . . 7

Artículo 13. Medidas para el aseguramiento del suministro de bienes y servicios necesarios para la protección de la salud pública. 7

Página 1

Primera página del BOE español con la declaración del estado de alarma. En España, como en la mayoría de países, al menos en Europa, el papel del Estado fue clave en la lucha para vencer a la pandemia *(BOE español, 14 de marzo de 2020)*

146

EL PAÍS

EL PERIÓDICO GLOBAL

www.elpais.com

SÁBADO 14 DE MARZO DE 2020 | Año XLV | Número 15.587 | EDICIÓN MADRID | Precio: 2,00 euros

INTERNACIONAL Dentro del infierno de hambre y guerra de Idlib P2 y 3

BABELIA Bret Easton Ellis, la gran desesperanza blanca

EL AVANCE DEL CORONAVIRUS DESAFÍA AL ESTADO

El Gobierno declara el estado de alarma durante 15 días

El Consejo de Ministros se reúne hoy para decidir el alcance de la medida

Madrid y Galicia cierran el comercio salvo farmacias, alimentación y quioscos

El número de contagiados asciende a más de 5.100 y los fallecidos, a 132

El Ejército suspende todos sus ejercicios y maniobras

CARLOS E. CUÉ, **Madrid**
El avance del coronavirus en España llevó ayer al presidente del Gobierno, Pedro Sánchez, a anunciar una medida excepcional: la declaración del estado de alarma. La medida, que tendrá una vigencia de 15 días y será aprobada hoy en un Consejo de Ministros extraordinario, permite al Ejecutivo limitar la circulación de personas, ordenar requisas de bienes, intervenir industrias, racionar servicios y producción, así como tomar el control de fuerzas de seguridad locales y autonómicas.

Sánchez anunció la decisión, sin concretar su alcance, un día después de presentar su plan económico y ante la evidencia de que la epidemia se ha disparado. España, con más de 5.100 casos y 132 muertos, ya es el segundo país de Europa con más contagiados. Ante esta escalada, Cataluña ha pedido el confinamiento total de su territorio y Murcia ha aislado a 370.000 personas. El País Vasco y Galicia han declarado la emergencia sanitaria y Madrid y Galicia han ordenado el cierre de la mayoría de comercios salvo los de alimentación, farmacias y quioscos. La progresión, visto lo ocurrido en Italia, ha encendido las alarmas. PÁGINAS 14 A 33

EDITORIAL EN LA PÁGINA 10

Pedro Sánchez reunido ayer con sus ministros por videoconferencia, en una imagen cedida por La Moncloa.

La OMS sitúa a Europa como epicentro de la pandemia

El virus avanza en el continente con más rapidez que en China

PABLO LINDE, **Madrid**
El coronavirus avanza más rápidamente en Europa de lo que lo hizo en China. "Europa se ha convertido en el epicentro del Covid-19", afirmó ayer el director general de la Organización Mundial de la Salud (OMS), Tedros Adhanom Ghebreyesus. La pandemia suma en el continente 31.998 contagiados y más de 1.200 muertos. PÁGINA 33

EE UU decreta la emergencia nacional P32

El plan de Reino Unido: un contagio controlado P34

Sin partidos de Champions y Europa League P42 y 43

JOSÉ LUIS MARTÍNEZ-ALMEIDA Alcalde de Madrid

"El cierre de Madrid está más cerca de lo que pensamos"

JUAN JOSÉ MATEO, **Madrid**
"El cierre de Madrid está más cerca de lo que pensamos", dice en una entrevista el alcalde José Luis Martínez-Almeida, del Partido Popular. El dirigente precisa que la adopción de esta medida dependerá de si la evolución del número de conta-

giados por el coronavirus se eleva aún más en los próximos "tres o cuatro días" en la capital. La Comunidad de Madrid registraba ayer 2.659 infectados —la mitad de toda España— y 86 fallecidos, según los datos proporcionados por el Gobierno regional. **Madrid**

Torra pide ayuda a Sánchez para cerrar Cataluña P24

¡Qué nada te pare!
La **Formación Online** es tu mejor Opción

Los medios de comunicación de masas se hicieron eco desde el primer instante de la evolución de la pandemia con un despliegue abrumador, aunque no todos y no siempre desde la veracidad y la colaboración con los poderes públicos en la tarea de informar y prevenir *(El País, 14 de marzo de 2020)*

Las actitudes incívicas e insolidarias de algunos actores políticos y de una parte minoritaria de la población, obligaron
a la contundencia en el contenido de los mensajes emitidos
por los poderes públicos, ante la gravedad de la situación
pandémica *(cartel publicado por el Ministerio de Sanidad del
Gobierno de España)*

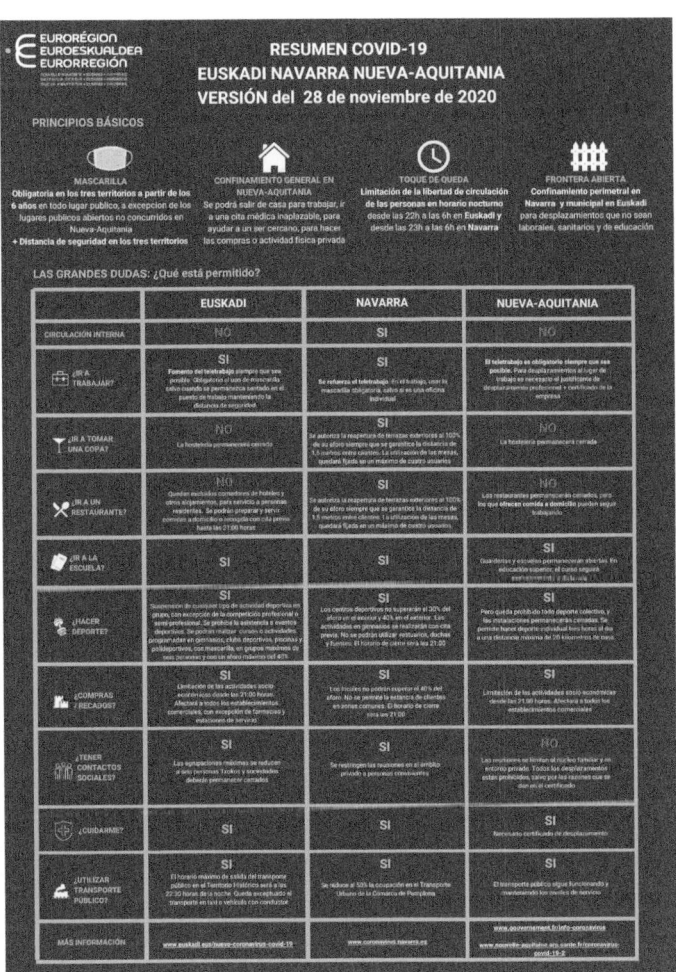

La disparidad de medidas adoptadas por las Comunidades Autónomas a partir de la finalización del estado de alarma, provocaron un cantonalismo jurídico y sanitario a menudo contradictorio e ineficaz, responsable en buena parte de las nuevas oleadas de contagio (cartel publicado por la Eurorregión Euskadi-Navarra-Nueva Aquitania, 28 de noviembre de 2020)

Comunidad de Madrid

5) Identificar los procesos sanitarios y los profesionales que mejoren y agilicen la implantación de las medidas a adoptar
6) Minimizar la expansión de la enfermedad, protegiendo a los convivientes y al personal que atiende a los pacientes
7) Asegurar el acceso de los centros residenciales al material y medicación necesarios

Dichas medidas han de implementarse sobre una población con características diferenciales respecto del universo de pacientes enfermos, que representa a uno de los grupos de mayor riesgo y que van a ser atendidos mayoritariamente en un medio con peculiaridades, según ha reconocido la European Geriatric Medicine Society en un reciente comunicado.

3. POBLACIÓN DIANA

Son destinatarios de este protocolo de coordinacion todos los residentes en centros residenciales publicos, privados y concertados dependientes de la Consejeria de Políticas Sociales y Familia de la Comunidad de Madrid, en particular los considerados como caso confirmado, caso probable o caso posible de infeccion por Covid-19

4. NUEVOS ROLES PROFESIONALES

1.- Geriatra de enlace

2.- Coordinador de Plazas Sociosanitarias

5. DESARROLLO OPERATIVO

Ante la deteccion, por parte del personal del centro residencial, de un paciente con un cuadro clínico de infección respiratoria aguda compatible con infeccion por Covid-19, se porcedera de la siguiente manera:

1) Establecimiento de las **medidas para la prevención, control de la infección y limitar la transmisión según los estandares establecidos.**

2) Contacto telefónico con su GERIATRA DE ENLACE en horario entre 8.00 y 22.00 h. Fuera de este horario, si la situación clínica del paciente lo requiere, se contactará con SUMMA 112.

3) Valoración, conjuntamente con el geriatra de enlace, de los CRITERIOS DE EXCLUSION DE DERIVACIÓN HOSPITALARIA ANTE UNA INFECCIÓN RESPIRATORIA:
   • Los protocolos de determinación de PCR diagnóstica serán los que se establezcan en el "Procedimiento de actuación frente a casos de nuevo coronavirus" del Ministerio de Sanidad (ultima actualizacion disponible)
   • Se procederá a derivar al hospital a los pacientes que NO tengan las siguientes características, serian CRITERIOS DE EXCLUSIÓN:
      • Pacientes en situación de final de vida subsidiarios de cuidados paliativos
      • Pacientes con criterios de terminalidad oncológica, de enfermedades de órgano avanzada.
      • Pacientes con criterios de terminalidad neurodegenerativa (GDS de 7)

1 / 7

En el Protocolo que se reproduce en esta página y en la siguiente pueden leerse los criterios que sustentaban las no derivaciones a hospitales de pacientes ancianos afectados por COVID-19 víctimas de esa discriminación *(Protocolo creado por el gobierno de la Comunidad de Madrid y distribuido en hospitales y residencias a partir del 20 de marzo de 2020, publicado por Infolibre)*

Comunidad
de Madrid

PANDEMIA COVI-19

- Deterioro funcional severo (definidos por Barthel <25)
- Deterioro funcional grave (Barthel 25-40) más deterioro cognitivo moderado (GDS 5): lo ideal sería visita/ atención en la propia residencia

4) Valoración, conjuntamente con el geriatra de enlace, de los CRITERIOS DE EXCLUSION DE DERIVACIÓN HOSPITALARIA ANTE OTRA PATOLOGIA:

NO se derivarán al hospital a los pacientes que cumplan con los siguientes criterios :

- Criterios de gravedad de la patología aguda a tratar
- Pacientes en situación de final de vida subsidiarios de cuidados paliativos
- Pacientes con criterios de terminalidad oncológica, de enfermedades de órgano avanzada.
- Pacientes con criterios de terminalidad neurodegenerativa (GDS de 7)
- Deterioro funcional severo (definidos por Barthel <25)
- Deterioro funcional grave (Barthel 25-40) más deterioro cognitivo moderado (GDS 5): lo ideal sería visita/ atención en la propia residencia

5) PROCEDIMIENTO DE DERIVACIÓN:

Será el geriatra de enlace quien activará el traslado al centro hospitalario de referencia o apoyo que considere, traslado consensuado con el médico responsable del paciente (en las residencias que haya). Mientras espera el transporte al hospital al paciente se le debe colocar una mascarilla quirúrgica y aislar en una habitación con la puerta cerrada. Durante el traslado, el paciente portará una mascarilla quirúrgica.

6) PLAN DE CONTINGENCIA DE PERSONAL:

- Cada residencia deberá elaborar un plan de contingencia para prevenir el contagio del personal sanitario y sus bajas consecuentes.
- Debe planificar turnos de cuidadores y voluntarios en equipos fijos para evitar el contagio entre el personal.

7) REINGRESOS TRAS EL ALTA HOSPITALARIA Y NUEVAS INGRESOS

- Durante el tiempo de la pandemia, las residencias deben admitir a cualquier persona que normalmente admitiría en sus instalaciones, incluidas las personas que han estado en hospitales donde hay casos de COVID-19, asegurando sus medidas de aislamiento o tratamiento que así lo requieran, reservando una unidad / ala exclusivamente a los residentes que vengan o regresen del hospital. Puede ofrecerse a los familiares de los residentes que puedan llevárselos a su domicilio . Idealmente, con disponibilidad de kits de detecci ón de Covid -19, con test negativo.
- Si se llegara a situación de Alerta 3, las autoridades sanitarias podrán disponer de las camas útiles en estos centros.
- Para ello se creará la figura del COORDINADOR DE PLAZAS SOCIOSANITARIAS
  o Todas las residencias deberan informar cada 24 horas de la disponibilidad de plazas

(Protocolo creado por el gobierno de la Comunidad de Madrid y distribuido en hospitales y residencias a partir del 20 de marzo de 2020, publicado por Infolibre)

EL PAÍS

Madrid COMUNIDAD DE MADRID · AYUNTAMIENTO DE MADRID · CERCANÍAS · METRO · EMT · MADRID CENTRAL · ELECCIONES MADRID · ÚLTIMAS NOTICIAS

LA CRISIS DEL CORONAVIRUS >

Los mayores con seguro privado sí fueron trasladados de residencias a hospitales en Madrid

La Comunidad no impuso el triaje de ancianos a los hospitales privados, reconociendo a sus asegurados un derecho a la atención médica que negó al resto

Entre las aberraciones cometidas por la Comunidad de Madrid durante la pandemia, destaca la prohibición de trasladar desde las residencias a hospitales a aquellos ancianos afectados por COVID que no tuvieran seguro privado (información publicada por *El País* el 11 de junio de 2020)

El modo irresponsable en el que el presidente norteamericano Donald Trump y su Administración trataron el tema de la pandemia provocó más de un millón de muertos en EEUU. Trump intentó desviar responsabilidades, culpando a China del origen y expansión de la enfermedad *(South China Morning Post)*

En la viñeta adjunta, la Muerte reparte el COVID-19 por Europa desde un carro tirado por una coalición de negacionistas y
antivacunas *(The Cyprus Mail)*

Una mujer exhibe una pancarta en una manifestación celebrada en la ciudad de Pamplona, Navarra, convocada por propietarios de bares. Durante la pandemia, los sectores empresariales y el comercio llamado "hostelería" antepusieron sus intereses económicos particulares a la salud colectiva (*Diario de Navarra, 2 de noviembre de 2020*)

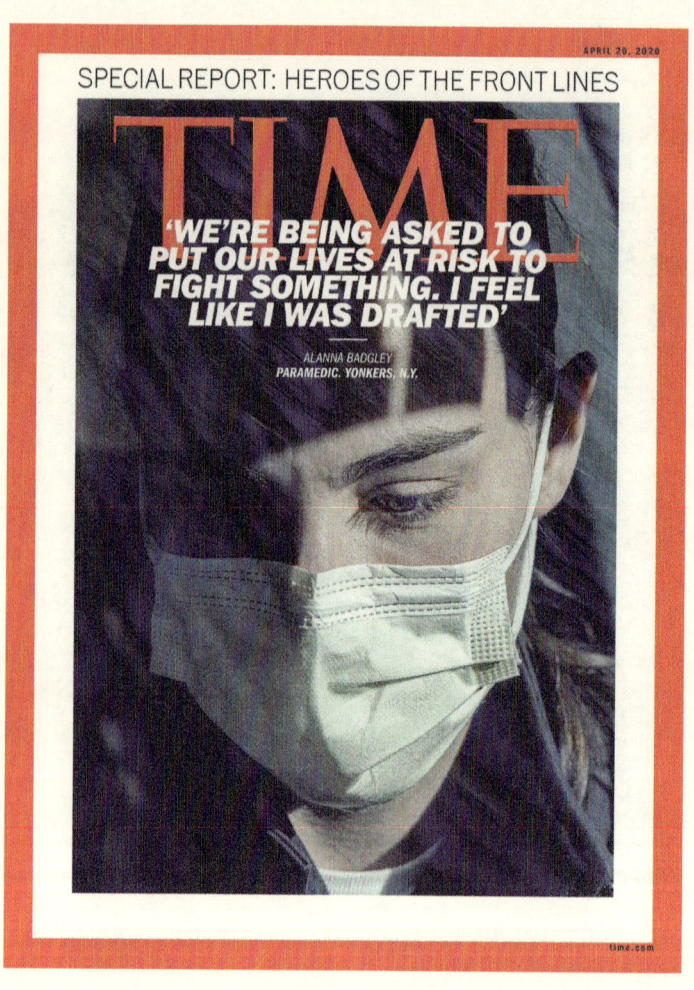

El personal sanitario arriesgó su salud y su vida en una lucha a brazo partido, a pesar de que en sus inicios carecía de recursos y preparación para enfrentarla. La empatía y el reconocimiento social del principio pronto dejaron paso a la indiferencia ante sus problemas personales y laborales *(portada de la revista Time, 20 de abril de 2020)*

Durante la pandemia de COVID-19, África ha sido la gran incógnita. Se desconoce el número de infectados y de muertos por esa causa. Al parecer, la población vacunada en todo el continente africano no llega al 5% del total *(cartel de la campaña de vacunación del Ministerio de Sanidad de la República Sudafricana)*

La dificultad de combatir con eficacia la pandemia y a la vez preservar modos de vida y avances en la organización de nuestras sociedades, fue patente en el caso de Europa. Las limitaciones a la libertad de movimientos dentro del espacio interior de la Unión Europea, en concreto, obligaron a ensayar procedimientos como los Certificados Europeos de Vacunación contra el COVID-19 *(imagen de un certificado digital de vacunación expedido en la Unión Europea)*

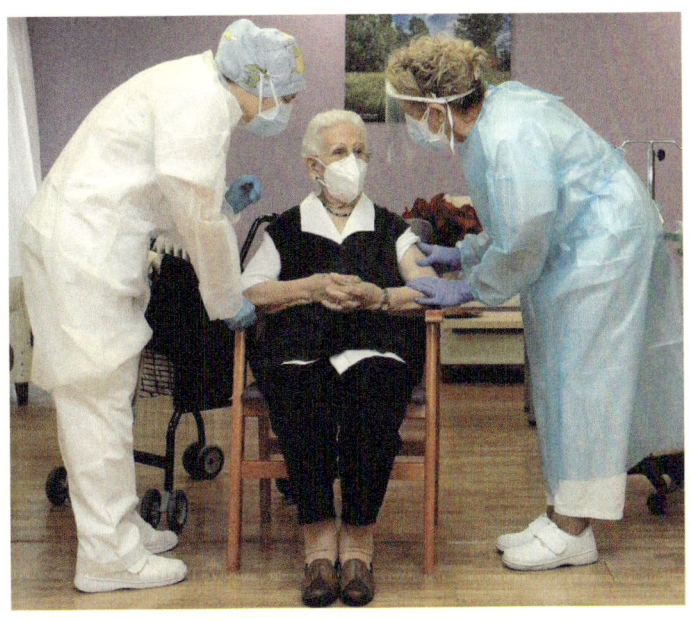

La vacunación masiva de la población se puso en marcha a finales de 2020. Araceli Hidalgo, de 96 años, la residente de más edad en un geriátrico de Guadalajara, fue la primera persona vacunada en España contra el COVID-19 *(El País, 27 de diciembre de 2020)*